OMMES-FRITES
MAYO.-KETCHUP
BRÖTCHEN

KitchenAid
Rachengold
Top Miel
Top Choco
Mazola
LEGO
JACK STONE
4622

Können Designer kochen?

Geschichten und Rezepte aus kreativen Küchen

HERAUSGEGEBEN VON BABETTE PETERS

CHRISTIANS

Können Designer kochen?

Geschichten und Rezepte aus kreativen Küchen

Die Idee, herauszufinden, ob Hamburgs Designer, diese von Berufs wegen kreativen Menschen, auch privat den schönen Dingen des Lebens und ihrem Genuss zugeneigt sind, entstand aus purer Neugierde – und der These, dass Kreativität, Kochlust und sinnliche Genusssucht zusammengehören. Sicher war und ist, dass die Gestalter der Hansestadt in ihrem Job kreativ sind. Schließlich haben über 1300 hier arbeitende Designer und Designbüros den Ruf Hamburgs als Deutschlands Design-Metropole begründet.

Aber: Was kochen sie, und vor allen Dingen: wie? Planen sie ein Essen vom Einkauf bis zur Tischdekoration strategisch durch, oder verlassen sie sich einfach auf ihren Bauch? Kochen sie einzelgängerisch nur für sich oder lieber kommunikativ für Familie, Freunde oder Geliebte? Oder lassen sie vielleicht lieber kochen, kennen sich beim Bestellen des Sushi-Services genau aus, bevorzugen aber eigentlich den Besuch von teuren und hip gestalteten Szene-Restaurants?

Viele der 45 Hamburger Designer und Freunde der Szene, die sich bereit erklärten, neben einem Rezept auch eine kleine Geschichte über ihre Liebe zum Essen für dieses Buch zu schreiben, überraschen selbst Kollegen: Experimentierfreude und Improvisationslust, aber auch akribische Genauigkeit und Traditionsbewusstsein bei der Zubereitung und dem Genuss von Nahrungsmitteln eröffnen neue und oft sehr persönliche Einblicke in Küchen und Töpfe, in Köpfe und Herzen der Kreativen.

Ich freue mich sehr, dass es mit dieser lukullischen Anthologie gelungen ist, nicht nur die Neugierde der Herausgeberin zu befriedigen – es sollte mit diesem etwas anderen Kochbuch auch gelingen, die des geneigten Lesers für die Kochkünste und -gelüste der Hamburger Designszene und ihr gestalterisches Know-how zu wecken.

Mein Dank gilt deshalb insbesondere den Autoren dafür, dass sie spontan und mit viel Enthusiasmus bereit waren, über sich und ihre kulinarischen Vorlieben zu erzählen. Und ich möchte mich sehr herzlich bei den Sponsoren Factor Design (Gestaltung) und Volker Greßmann (Fotos) sowie clic Inneneinrichtung und Tom Reimer bedanken, ohne deren großzügiges, freundschaftliches und professionelles Engagement dieses Buch nicht hätte realisiert werden können.

Was zu beweisen war: Ja, Hamburgs Designer können auch kochen!

Babette Peters

Lustessen: Gute Küche funktioniert wie gutes Design – meistens einfach und meistens spät

ULLI KRIEG (DMC Hamburg, Design for Media and Communication) „Control Attention" ist das Motto der Agentur DMC, die die Kommunikationsdesignerin Ulli Krieg als Geschäftsführerin leitet. Strategische Markenführung und das Schaffen unverwechselbarer Markenpersönlichkeiten für IT-, Telekommunikations-, Industrie- und insbesondere Medienunternehmen zeichnen die Arbeit von DMC aus. www.dmc-hh.de

Essen ist eine Sache des Gemütszustandes. Farbe, Aroma, Konsistenz des Essens müssen in gewissen Phasen einfach passen. Zum Beispiel bei Übellaunigkeit allein zu Haus ist Kartoffelpüree geeignet. Am besten einen kleinen Anteil Sellerie mitkochen und pürieren. Weil's so schlimm ist, zusätzlich Senfeier: Butter in die Pfanne, gekörnte Brühe, süßen und scharfen Senf – mit Sahne einkochen und mit Pfeffer, Salz und Zitrone abschmecken – hart gekochte Eier dazu, und ziemlich schnell stellt sich ein wohliges, properes Gefühl im Bauch ein. Wenn kalte Füße dazukommen, hilft nur ein wunderbares Chateaubriand mit Sauce béarnaise – auf keinen Fall selber machen, sondern in die Schlachterbörse, Schanzenviertel, Kampstraße 42 gehen.

Mit Freunden wird das Essen in der Küche sitzend/stehend und frisch zubereitet. Zum Beispiel das Dessert: Baiser zerbröseln, frische Walderdbeeren, weiße Pfirsiche oder Melone in kleine Stücke schneiden, ebenso Vanilleeis (oder bei Melone Meloneneis, bei Pfirsich ...). Einen Becher Mascarpone, 3 Eigelb, eine Vanilleschote, halbes Paket Puderzucker mit Schneebesen glatt rühren. Eiweiß steif schlagen und unterziehen. Das Ganze so koordinieren, dass das Eis noch nicht geschmolzen ist.

Ansonsten funktioniert gute Küche wie gutes Design: Meistens einfach und meistens spätabends. Und wegen der späten guten Idee – ohne eingekauft zu haben. Aber da geht noch was – ein kleines Menü:

LACHSTATAR, TORTILLA, ORANGEN MIT ZIMT

Zutaten:

Lachstatar
1 Packung geräucherten Lachs
Zwiebeln
Pfeffer
evtl. 1 Spritzer Zitrone
Olivenöl
Dill

Tortilla
Kartoffeln
Zwiebeln und Olivenöl
Eier

Orangen mit Zimt
Orangen
Bénédictine oder Grand Marnier
Zimt und grob gehackte Nüsse

Geräucherten Lachs (Packung im Kühlschrank) mit Zwiebeln klein hacken, groben Pfeffer, evtl. ein Spritzer Zitrone und mit gutem Olivenöl und Dill (auch getrocknet) zu einem nicht zu feinen Mus vermischen. Dazu Baguette und Wein.
Rohe oder gekochte Kartoffel wür-

feln und mit Zwiebeln nicht zu braun braten. Eier (möglichst viele, damit die Tortilla schön hoch wird) schlagen und sehr gut würzen. In die Masse die Kartoffeln geben und etwas ruhen lassen. In Olivenöl von beiden Seiten mit Deckel braten. Falls noch Blattsalat da ist, zum lauwarmen Tortenstück dazu. Orangen schälen und in dicke Scheiben schneiden. Mit etwas Bénédictine oder Grand Marnier beträufeln. Kurz vor dem Servieren großzügig Zimt und grob gehackte Nüsse über alles streuen.
Nach Mitternacht anstatt Espresso auch mal Kakao mit Cayennepfeffer trinken. Nie vor 8.30 Uhr morgens aufstehen, niemals in Fliegern der Lufthansa essen.

Der Herd im Gewächshaus

JAN DOBMAIER, MICHAEL TRISCHBERGER UND VINCENZ WARNKE (Pension für Design) Eine der Spezialitäten der Produktdesigner ist u. a. die gestaltete Veränderung vorhandener Alltagsgegenstände. Mit viel Humor und Phantasie werden so aus einfachen Dingen des Lebens ausgeklügelte Designer-Stücke. www.pensionfuerdesign.de

Im Märzen der Bauer ... und da es in letzter Zeit einiges Unbehagen mit landwirtschaftlichen Produkten gab, bauen wir unsere Zutaten nun selbst an. Am liebsten hätten wir den Herd mitten in einem Gewächshaus. Da aber in einer Stadtwohnung leider kein Platz dafür ist, haben wir ein Beet in die Küchenarbeitsplatte eingelassen, und so kommen die frischen Ernteerfolge direkt in den Kochtopf.

Heute gibt es Suppe. Die Möhren dafür wurden im März gesät und sind im Sommer reif. Der Ingwer war im Frühjahr noch eine verschrumpelte Knolle, die wir mit viel Liebe und guter Erde aus der Hildesheimer Börde zu einer prächtigen Pflanze herangezogen haben. Die neu gewachsene Wurzel schmeckt herrlich frisch. Die Petersilie steht fast das ganze Jahr im Saft und die Zwiebel haben wir noch vom letzten Jahr übrig ...

Seitdem wir selbst anbauen, macht das Kochen noch mehr Spaß und es ist ein enger Bezug zur ‚Ware' Nahrungsmittel entstanden. So können wir beispielsweise nicht mehr in Urlaub fahren, weil schon in der Früh' die Kühe gemolken – und abends die Pflanzen gewässert werden müssen. Das war vorher kein Thema, und die mannigfaltigen Insekten in der Küche auch nicht. Aber frischer und leckerer geht's nun mal nicht. Da weiß man, was man hat – guten Appetit!

FRISCHE SUPPE

Zutaten (für 5 Personen oder 2 Personen für 2 Tage):
1 kg Kartoffeln
5 Möhren
1 Stange Lauch
2 Zwiebeln
1 Ingwerknolle
Petersilie
und was Mutter Natur sonst noch bietet (jahreszeitenabhängig: Sellerie, Petersilienwurzel ...)
1,5 l Gemüse- oder Fleischbrühe
2 EL Öl
1 EL Butter
Salz und Pfeffer

1. Das Gemüse putzen bzw. schälen und zerkleinern
2. Im Suppentopf das Öl und die Butter erhitzen
3. Das Gemüse dazugeben und kräftig schwitzen lassen, danach mit Brühe aufgießen, etwas Salz und Pfeffer dazu
4. Mindestens 20-30 Minuten köcheln lassen
5. Ingwer und Petersilie fein hacken und einrühren, noch mal mit Salz und Pfeffer abschmecken
6. Fertige Suppe pürieren oder grob zerstampfen

Beinahe hätte ich die Frühlingszwiebeln vergessen …

TOBIAS GRAU (Tobias Grau KG) „Kompromisslos Neues schaffen“ nach der Formel „Designqualität = Ausdruck + Funktion“ – so heißt das Credo des Produktdesigners und Lichtplaners Tobias Grau. In einem spektakulären Röhrenbau auf der grünen Wiese in Hamburg-Rellingen, den der Architekt Hadi Teherani gemeinsam mit dem Designer plante, wird immer wieder neues Licht geschaffen. Von dort, und aus den Flagship-Stores im stilwerk Hamburg, Berlin und Düsseldorf, werden die Leuchten in alle Welt verkauft. www.tobias-grau.com

Dieses ist mein Lieblingsfamilienessen. Pia Li, Elias, Melchior und Timon wollen es unbedingt chinesisch, Franziska möchte es italienisch, und ich esse am liebsten Rucolasalat. Egal wie und mit was. So kommen alle zu ihrem Recht und es ist auch einfach und schnell zuzubereiten.

Bon appétit, um das Französische nicht zu vergessen.

LIEBLINGSFAMILIENESSEN

Zutaten:
Rucolasalat
Scampi
Frühlingszwiebeln
chinesische Chili-Sauce
Essig
Öl
Salz
Pfeffer

Rucolasalat und Frühlingszwiebeln waschen. Den Rucolasalat mit Essig, Öl, Salz und Pfeffer auf einer Salatplatte anrichten. Scampi und Frühlingszwiebeln mit etwas Öl anbraten und kurz vor Schluss die chinesische Chili-Sauce zugeben und zu Ende braten. Mit Salz und Pfeffer abschmecken.

... stimuliert Niere und Blase – volksmedizinisch gesehen ...

ULI SCHNEIDER (Uli Schneider GmbH) hat mit klaren Linien, edlen Materialien und originellen Details ein Avantgarde-Label mit sehr individueller Handschrift geschaffen. In ihren Showrooms in Hamburg, Düsseldorf, Berlin, Mailand und Paris zeigt sie exklusive Outfits, die weltweit begeisterte Kundinnen finden. www.uli-schneider.de

Er ist überall, wo er wächst, seit Jahrtausenden eine hochwillkommene Volksmedizin. Er gilt mit seinen Bitterstoffen als klassischer Leberreiniger, stimuliert jedoch auch Galle, Bauchspeicheldrüse und Milz. Vor allem aber die Niere und Blase: Er ist enorm harntreibend. Der Apotheker M. Pahlow sagt: „Kein Tag ohne ihn!" Die Rede ist vom Löwenzahn.

Wie alle dunkelgrünen Gemüse ist er eine sehr gute Quelle für Karotin (Krebsschutz), außerdem enthält er viel Kalzium, Magnesium, Phosphor, Eisen und Vitamin C. Im weißen Milchsaft sitzen Inulin und Cholin, die beide einen cholesterinsenkenden und gefäßstärkenden Effekt haben. Aus Italien oder Frankreich kommt heute der Zuchtlöwenzahn und ist nur in den Wintermonaten und im Frühjahr in unseren Gemüseläden zu kaufen.

LÖWENZAHNSALAT MIT LAMMFILETS

Zutaten (für 4 Personen):

Löwenzahnsalat

1 große Löwenzahnstaude
2-3 Mohrrüben
1 mittelgroße Zwiebel
150 g gewürfelten Speck
2-3 hart gekochte Eier
1-2, je nach Belieben, kleingeschnittene Knoblauchzehen

Sauce

2 Messerspitzen Salz, 1 Messerspitze frisch gemahlenen Pfeffer
etwas Cayenne Pfeffer
1/2 TL scharfen Löwensenf
3-4 Spritzer Maggi (Liebstöckelgewürz)
2 EL Rotweinessig bzw. frisch gepresste Zitrone
5 EL Olivenöl und 1 TL Sesamöl

Salat gut putzen, waschen und ca. 15 Minuten in warmes Wasser legen (etwas wärmer als handwarm), damit der Salat seine Bitterstoffe verliert. In 2-3 cm lange Stückchen schneiden und in einem Sieb gut abtropfen lassen (nicht schleudern!), die hellen, festen Stiele können mit verwendet werden. Geschälte Mohrrüben in feine Scheiben schneiden, gekochte Eier klein hacken, die Zwiebel ebenfalls klein würfeln und alles zusammen mit dem Salat in eine große Salatschüssel geben. Separat alle Zutaten für die Sauce in einem Schüsselchen anrühren. Die Speckwürfel in einer Pfanne mit etwas Öl leicht anbräunen. Salatsauce und den warmen Speck erst kurz vor dem Servieren über den Salat geben!

Gegrillte Lammfilets

6-8 frische Lammfilets
2-3 in Scheiben geschnittene Knoblauchzehen
3 kleine Rosmarinzweige
2-3 kleine Schalottenzwiebeln
1 EL scharfen Senf
1 Messerspitze frisch gemahlenen schwarzen Pfeffer

Ofenfeste Schale mit Olivenöl beträufeln, Lammfilets hineinlegen und mit dem Senf einstreichen. Zwischen die Filets die Knoblauchscheibchen stecken. Halbierte Schalotten zwischen das Lamm legen. Mit Pfeffer würzen und zum Schluss Rosmarinzweige zwischen und auf das Lamm legen. Im Backofen mit Umluft bei ca. 180° ca. 25-30 Minuten garen.

Die beste Currywurstbude Hamburgs oder: Der Süden ist gar nicht so

HEIKE und **THOMAS EDELMANN** (Freie Journalisten mit dem Schwerpunktthema Design) sind immer am Puls der Zeit. Kein neuer Trend, keine innovative Produkt- oder Markenentwicklung, keine Agenturpositionierung entgeht ihnen und fände nicht ihren wohlwollenden oder kritischen Kommentar in den Medien, für die sie recherchieren und in denen sie veröffentlichen.

Hamburg reicht in Richtung Süden nur bis zur Elbe. Auch kulinarisch. Kein touristischer Stadtplan der Freien und Hansestadt Hamburg umfasst bis heute die südlichen Stadtteile. Durchfahren per Bahn oder auf der Autobahn (A1 und A7) jederzeit! Hinfahren? Niemals! Doch es gibt ein Leben jenseits der Elbe: zum Beispiel in Harburg. Zugegeben, ein merkwürdiger Ort zum Wohnen und Leben. Wir tun es, obwohl Harburg eine der scheußlichsten Innenstädte des Nordens hat. Schon um 1899 warnte Harburgs Bürgermeister Julius Hermann Ludowieg „Interessante Denkmäler einer großen geschichtlichen Vergangenheit werden Sie bei uns vergeblich suchen." Das Dornröschen Harburg, „eine kleine Stadt, die sich am Eingang zur uralten Wasserburg angesiedelt hatte", wurde erst durch einen Prinzen wach geküsst, der „für seine Fahrt eine ganz neuartige Straße aus Eisenschienen hatte bauen lassen". Und weiter Ludowieg: „Er nannte sich ‚Se. Hoheit der Weltverkehr'."

Wer heute nur ein wenig Harburger Luft schnuppern will, braucht nicht weiter als bis zum Harburger Bahnhof zu fahren. Dort wurde zur Eröffnung, am 30. April 1897, im Wartesaal I. und II. Klasse das folgende Festmahl serviert: „Klare Schildkrötensuppe", „Schweser Ragout mit Champignons im Körbchen", „Ostender Steinbutt mit Butter und Petersilie", „Englischer Hammelrücken", „Frischer Hummer naturel mit Mayonnaise", „Enten-Salmi in Blätterteig", „Französische Poularden", „Salat und Compot". Das Bahnhofsrestaurant gibt es längst nicht mehr. Inzwischen hat der Kunstverein Harburger Bahnhof (Telefon 76 75 38 96) den Wartesaal I. Klasse in Beschlag genommen und gibt dort aktuellen Kunsttendenzen Raum – weit gehend unbeachtet von den Harburger Pendlern. Die Konditorei Mathewes verkauft in der Bahnhofshalle ihre Brötchen – vor einer historischen Eisenbahnkulisse, die den Hamburger Hauptbahnhof zeigt!

Kulinarisch ist wenig los am Harburger Bahnhof. Wäre da nicht die Currywurstbude gleich links vorm Eingang. Für uns ist es die beste Currywurstbude Hamburgs. Frisch und knackig schmecken hier die Würste und Pommes. Beste Ware, auf den Punkt zubereitet. Ganz gleich, ob Curry-, Schinken- oder Bockwurst: Auf Wunsch gibt es genau eine Serviette.

Anspruchsvolle Wurstesser melden sich bei Phoenix Art zu einer Führung an. Umgebaute Produktionshallen der Phoenix AG gegenüber dem Bahnhof beherbergen die große Sammlung von Harald Falckenberg. Schon die Welterklärungsmodelle des Schweden Övind Fahlström lohnen den Besuch der riesigen Räume. Im Helms-Museum, dem Archäologischen Museum Hamburgs, das zugleich für die Harburger Stadtgeschichte zuständig ist, werden auch die vergoldeten Schlüssel der Stadt von 1807 aufgehoben. Die Harburger Bürger überreichten sie ihrem König Jerome, dem jüngsten Bruder von Napoleon, bei einem Kurzbesuch, wofür dieser einem Chronisten zufolge nur eine „stille kalte Verbeugung“ übrig hatte. Nach einem „Gabelfrühstück“ reiste Jerome wieder ab.

Es gibt auch andere Möglichkeiten, in Harburg gut zu essen: „Da Luigi“ (Neue Straße 29, Telefon 7 65 96 03) ist ein einfaches und italienisches Restaurant in einem Harburg-typischen Banalbau der 70er Jahre am Marktplatz „Sand“. Zwei Stock hoch und etwas anspruchsvoller ist „Bixio“, ebenfalls ein Italiener (Radickestr. 28, Telefon 7 64 48 18). „Méson Galicia“ in der Maretstraße 60 (Telefon 7 66 63 15) gilt als eines der besten spanischen Lokale in Hamburg. Das „Berghotel Hamburg-Blick“, Wulmsberg 12 (früher „Sennhütte“, Telefon 79 70 01-0) erreicht man am besten per Auto. Aus dem einstigen Ausflugslokal ist ein Tagungshotel geworden. Der Harburg-Besucher kann von hier aus nach Hamburg sehen. Als Luxusrestaurant versteht sich das „Marinas“ im Harburger Binnenhafen (Schellerdamm 26, Telefon 7 65 38 28). Hier kochte einst Michael Wollenberg, bevor er ins Nordelbische entschwand. Im Sommer sitzt man auf der großen Terrasse am Wasser. Auch das Heimfelder Hotel Lindtner (Heimfelder Straße 123, Telefon 7 90 09-0) hat ein Gourmetrestaurant. Und wer hier zu Kaffee und Kuchen einkehrt, ist schon wieder ganz daheim. Denn das Hotel bezieht Torten und Gebäck von der Konditorei Lindtner aus der Eppendorfer Landstraße.

Wer immer noch nicht genug hat, kann mit einem Spaziergang um den Außenmühlenteich im Harburger Stadtpark seinen Ausflug in die südliche Hemisphäre abschließen. Dann aber nichts wie weg.

I try to cook like Picasso was painting

OLAF NIEMEIER (Restaurant „fusion“, SIDE Hotel Hamburg) „Art you can eat“. Der Chefkoch des „fusion“ im Designhotel SIDE kombiniert mit Vorliebe asiatische und indische Küche mit traditionellen Zubereitungsmethoden der westlichen Küche. Wegen seiner optisch und kulinarisch außergewöhnlichen Kochkunst wird er von vielen „Chef Picasso“ genannt. www.side-hamburg.de

Es war im Frühling 1995, nur wenige Tage nachdem Olaf Niemeier den Staatsempfang zum Nationalfeiertag für 4000 der „engsten“ Freunde des Staatspräsidenten Taiwans bekocht hatte.

Ein Gast im Restaurant des Taipeh Hilton bat den Küchenchef an seinen Tisch, um ihm persönlich die Meinung über sein Essen mitzuteilen. Nichts Ungewöhnliches, zumal wenn der Chef Europäer ist und es auf der ganzen Welt einfach als schick gilt, den Küchenchef zu kennen.

Doch dieser Gast war anders. Er war Amerikaner, aber das allein war nicht das Ungewöhnliche. Er war interessiert, nicht nur aus Höflichkeit, wie man es als Küchenchef kennt. Er stellte Fragen über Fragen, und aus dem kurzen Gespräch wurde eine Unterhaltung, die bei einer Flasche gutem Bourdeaux bis weit nach Mitternacht andauerte. Immer wieder wollte der Gast wissen, wie unser Chef seine Art zu kochen definieren würde. Und unser Chef erklärte ihm immer wieder, dass er keine Definition dafür habe. Er verwende einfach die althergebrachten

Zubereitungsmethoden, die er in seiner Heimat gelernt habe, werfe alles dazu, was er in seinen Stationen London, New York, Shanghai, Singapur und Taipeh aufgeschnappt habe, und mixe es mit regionalen Zutaten, so verrückt, wie es nur irgendwie gehe. In seinem Erklärungsnotstand verstieg er sich sogar zum Vergleich mit der modernen Kunst und erklärte dem interessierten Zuhörer. „I try to cook like Picasso was painting, I take all the old techniques and try to combine it in the most crazy way I can imagine."

Eine Woche später erhielt Olaf Niemeier die Washington Tribune aus Washington D.C. Die Überschrift im Gastro-Teil der Zeitung lautete: „Chef Picasso and his great asian fusion cuisine". Sein interessierter Gast war kein Geringerer als Jarred Cameron, Kolumnist der Washington Tribune, gewesen, einer der einflussreichsten Foodkritiker weltweit.

Der Name blieb hängen und begleitete Olaf Niemeier von Taipeh ins „Oberoi" nach Dehli, durch seine eigene Kochshow im indischen Fernsehen, seine eigene Zeitungskolummne, bis nach Boston und jetzt ins Restaurant „fusion" nach Hamburg.

Aus dem Abend in Taipeh ist mittlerweile nicht nur eine langjährige Freundschaft entstanden, sondern ein Markenname, der für „kompromisslose, kreative und schmackhafte Küche aus immer frischen Zutaten" steht.

MILLE FEUILLE VON INDISCHEM BROT UND HÜHNERSALAT IN JOGHURT-MARINADE MIT EINEM DRESSING AUS INGWER, MANGOS UND ZWIEBELSAMEN

Zutaten (für 10 Personen):

Die Marinade

1,2 kg Hühnerbrust
50 ml Nuss-Sesamöl
15 g Knoblauchpüree
5 g Chilipüree
10 g Senfpulver
10 g Anispulver
15 g Gelbwurzelpulver
10 g Korianderpulver
350 g Naturjoghurt
Salz und Pfeffer
Saft einer ganzen Zitrone

Das indische Brot

10 g Bockshornkleeblätter
10 g gehackter Ingwer
5 g gehackte grüne Chili
80 g Kichererbsenmehl
250 g Vollkornmehl
25 ml Wasser
Salz und Pfeffer

Die Sauce

250 g Mangos
25 g Mangopulver
10 g Ingwerpulver
5 g Rocksalz
3 g Zimtpulver
5 g Bockshornkleepulver
5 g Nelkenpulver
10 g Zucker
50 ml Weißweinessig

Die Hühnerbrust in 2 cm dicke Streifen schneiden, mit Zitronensaft und Salz würzen und 1 Stunde stehen lassen. Die restlichen Zutaten mit dem Joghurt mischen, über das Hühnchen geben und weitere 3-4 Stunden marinieren lassen. Für das Brot die Bockshornkleeblätter fein hacken und die anderen Zutaten mit etwas kaltem Wasser zu einem festen Teig kneten. Für eine Stunde ruhen lassen. Den Teig ausrollen und in 2 cm dicke Dreiecke schneiden. Anschließend auf einem flachen Grill ausbacken. Für die Mangosauce die Mangos schälen und würfeln und mit etwas Zucker und Wasser weich kochen. Die restlichen Zutaten dazugeben, kochen lassen und pürieren. Die Hühnerbruststreifen im Wok sautieren.

Der kulinarische Dauertrend „Fusion“ muss nicht zwingend nur geografisch definiert sein

THOMAS WENDTLAND Der waschechte Hamburger Industriedesigner Thomas Wendtland entwarf schon zu Studienzeiten Möbel aus Metall. Mit dem Projekt Salonglobal präsentiert er Interior Design, Objekte und Möbel in immer wieder neu inszeniertem Umfeld. www.salonglobal.com

Warum nicht Arme-Leute-Reste-Küche mit Störrogen veredeln – die ökologisch reine Frische eines Freilauf-Spiegeleies mit Konserven (Labskaus aus dem Old Commercial Room an Beluga Kaviar) sowie Pickles aus dem Glas (Cornichons und Rote Bete von Kühne) kreuzen – das ultraregionale Gematsche mit der internationalsten Meeresessenz verquicken?

LABSKAUS AN KAVIAR

Zutaten:
500 g Labskaus
20 g Kaviar
Mixed Pickles

Nix für Etepetete-Zicken

RAINER GROOTHUIS (Groothuis, Lohfert, Consorten) „Das eigene Gesicht ist durch nichts zu ersetzen". In der Agentur für Formfindung und Sinneswandel werden individuelle Kommunikationskonzepte zur Markenführung, für Bücher und vieles mehr erdacht und gestaltet – mit Liebe, Lust und Laune. www.glcons.de

MATJESTATAR

Das Matjestatar ist das Ideal für wenn wenig Zeit ist und die Kochkenntnisse bei der Blut vermeidenden Führung scharfer Küchenmesser enden: gesund, leicht, schmackhaft, fix gemacht.

Zutaten (für 4 Personen, als Vorspeise):
6 Matjesfilets
1/2 gelbe, 1/2 rote, 1/2 grüne Paprikaschote
1 bis 1 1/2 nicht zu kleine Äpfel (bevorzugt: Braeburn)
1 Hand voll Walnüsse
Hälfte derselben Hand: Haselnüsse
1 Zitrone
1/2 Bund Petersilie
2 mittlere Zwiebeln (möglichst rote)
Alle Zutaten frisch auf den Schneidetisch! Pfeffer nach gusto.

Alles kleinst schneiden (am besten rhythmisch mit einem Zyp-Zyp-Zyliss, macht zwar Lärm, stärkt aber den Arm) und durchmengen, ordentlich! Etwas ruhen lassen, pfeffern nach Laune (bedenken: zu viel schadet dem Fisch), Zitrone pressen, den Saft über das Tatar geben. Das war's im Groben.

Hinweis 1: Der normale Gast (insbesondere der gemeine Binnenländer) will mehr, als man denkt. Also, auch für die Vorspeise, im Zweifel: plus zwei Filets.
Hinweis 2: Am besten wird das Tatar, kann es eine Nacht ziehen.
Hinweis 3: Wer herumdesignen möchte, kann ein wenig Crème fraîche oder Sour Cream dazutun (muss aber wirklich nicht).
Hinweis 4: Matjes kaufen bei Gosch am Hauptbahnhof (Wandelhalle) oder bei Fische Schmidt (Eppendorfer Baum). Der Matjes muss vom „eigenen Safte" glänzen. Tut er das nicht, ist er zumeist trocken: meiden.
Hinweis 5: Als Getränk passt am besten (ja, liebe Weintrinker:) Bier (empfohlen: Jever oder Flensburger). Kalt, natürlich.
Hinweis 6: Wenn als Vorspeise gedacht, frisches Schwarzbrot (nicht Pumpernickel!) dazu reichen.
Hinweis 7: Als Hauptspeise für 4 Personen 3 Filets je Kopf rechnen, Gemüse- und Fruchtanteil erhöhen, mit Spiegel- oder Rührei abrunden. Danach Aquavit, eiskalt (Linie oder Bommerlunder).
Hinweis 8: Kein Schnickschnack! Kein Tomaten- oder Zitronenscheibchen, kein Avocadomus etc.
Anmerkung: Nach aller Erfahrung nix für Etepetete-Zicken und ebensolche Begleiter, die immer noch glauben, Austern hätten Geschmack und Belugakavier sei des Himmels Wonne.

Man geht in einen Baumarkt, kauft ein graues Fallrohr aus Plastik, bittet den Sägemaschinen-Bediener, dieses in 10 cm lange Stücke zu schneiden, und ...

MARCUS GREINKE (Enterprise IG) Ja, Designer können kochen! Der Creative Managing Director Marcus Greinke liefert hierfür den ultimativen Beweis. In seinem Hauptberuf konzipiert er Markenbilder für nationale und internationale Unternehmen (corporate branding) und Produkte (product branding) aus nahezu allen Bereichen und erfindet manchmal auch neue Namen für neue oder schon vorhandene Produkte (naming). www.enterpriseig.com

Ein Kochbuch von Designern oder ein Designerkochbuch? Egal, was für ein wunderbarer Gedanke. Es ist gut gestaltet – bei Kochbüchern sehr selten der Fall –, hat tolle Fotos – Kochbücher ohne Fotos sind langweilig –, und überhaupt unterliegt der Designer – in dem hier vorliegenden Falle, ich – beim Kochen in seiner Küche doch keinerlei Restriktionen, die uns im täglichen Leben hin und wieder an der Sinnhaftigkeit unserer Tätigkeit zweifeln lassen.

Niemand, dem das Grün der Artischocken ein wenig zu kühl ist und doch bitte einige Varianten mit anderen, freundlicheren Grüntönen hätte. Auch niemand, der behauptet, dass das, was ich gerade serviert habe, nun ganz und gar nicht schmecken könne, das hätte man so ja noch nie gemacht. Zuallerletzt auch niemand, dessen Frau etwas vom Kochen „versteht" und deshalb statt der in Walnussöl geschwenkten Linguini eher eine Salzkartoffel, als Beilage der Linguini sähe.

Nichts gegen Salzkartoffeln, aber in meiner Küche, da bin ich der Herr. Ich entscheide, was wie mariniert, geschlagen, vermengt, passiert, pariert, geschichtet, eingerollt oder sonst wie zubereitet wird. Ich kann den ganzen Samstag lang in der Küche stehen, berieselt von den neuesten Scheiben, vertieft in das Reduzieren von Saucen, hin und wieder besucht von meinem Sohn, mit dem ich am Morgen auf dem Markt war und der den Gemüseberg stündlich neu arrangiert, allein gelassen, weit weg von meinem täglichen Job, meditativ, bis unsere Freunde kommen.

Nun ja, nicht ganz. So möchte die Familie probieren, die Weinauswahl diskutieren, mich an das Essen für die Kleinen erinnern und die Tischdekoration „abstimmen". Tischdekoration – ein Thema ganz für sich, das ich mit voller Hingabe in die Hände meiner Designerfrau gebe, die kann das wesentlich besser ... Dann hat man einen wunderbaren Abend mit den Freunden, mit netten, intensiven, nachdenklichen oder inspirierenden Gesprächen, wunderbarem Essen – wenn denn alles gelingt – und traumhaftem Wein – wenn er kein Korken hat.

Jedoch am Ende des surrealistischen Vorgangs – man steht den ganzen Tag in der Küche und am Ende wird in kürzester Zeit einfach alles aufgegessen – wird man vom täglichen Leben wieder eingeholt und es stellt sich die Frage aus der Marktforschung nach der Wiederkaufrate: Hat es geschmeckt, und wird der Gast wiederkommen? Oder wird man zukünftig nur noch zu den Freunden eingeladen, oder noch schlimmer gar: Trifft man sich womöglich nur noch in Restaurants? Nein, so weit ist es bis jetzt noch nie gekommen, jeder freut sich auf ein baldiges Wiedersehen, wünscht sich eine gute Nacht und ich gehe wieder in die Küche – aufräumen. Dabei ist mir jetzt gar nicht mehr nach Meditation zu Mute, sondern eher nach den verbleibenden drei Stunden Schlaf, bis mir unsere kleine Tochter – pünktlich zum Sonnenaufgang – sagt, wie lieb sie mich hat.

Für all diejenigen, die auch gerne mal einen Tag in der Küche abschalten möchten:

EIN MENÜ

Ratatouilletürmchen mit Jacobsmuscheln auf Corailschaum mit Paprikareduktion

Erbsenschaumsuppe mit Steinpilz- und Minzgelee

Rotbarsch auf der Haut gebraten, mit Chorizo auf Meerrettichpüree

Lackierte Perlhuhnbrust mit Kartoffelblume, Pak Choi und Eisenkrautöl

Schokoküchlein mit Sabayon und Limonengelee

Käseplatte, vorzugsweise Rohmilchkäse, mit Paprikamarmelade und Süßwein

Zutaten (für 4 Personen):

Ratatouilletürmchen

8 Jacobsmuscheln mit Corail (der orange Rogen an der Seite der Muschel)
6 knallrote Paprika (1 für das Ratatouille, 5 für die Reduktion)
1 gelbe Paprika
1 Zucchino
1 kleine Aubergine
1 Fleischtomate
3 Schalotten
3 Knoblauchzehen
2 EL Zucker
2 EL Weißweinessig
Salz
Cayenne
1 Glas trockenen Weißwein
Olivenöl

Erbsenschaumsuppe

8 Hand voll Palerbsen (geht auch mit gefrorenen, schmeckt aber nicht ganz so gut)
3 Schalotten
1 l Hühner-/Geflügelfond
1 Beutel getrocknete Steinpilze
losen Minze Tee (maximal 10 g für einen Aufguss)
1 Bund frische Minze
1 Knoblauchzehe
Agar Agar
450 ml Wasser
Olivenöl

Rotbarsch

4 Stück Rotbarschfilet mit Haut à 150 g
10 cm scharfe, orange Chorizo (mit ordentlich Fettaugen, keine Sorge, die verbrennen …)
1 halbe Meerrettichwurzel (oder Meerrettich im Glas - aber keinen Sahnemeerettich!)
5 mittelgroße Kartoffeln
Milch
Butter
Olivenöl

Perlhuhnbrust

2 Perlhuhnbrüste mit Haut, ohne Knochen (es geht aber auch jede andere Hühnerbrust mit Haut)
4 mittelgroße Kartoffeln (und 2 zum Üben)
2 Hand voll Pak Choi (alternativ Spinat oder Mangold ohne den mittleren Strang)
2 Bund Eisenkraut (1 Bund für das Öl, das andere zum Würzen)
150 ml Olivenöl
1 Zitrone
Salz
Cayenne
Butter
Honig

Schokoküchlein

100 g geschälte Haselnüsse
100 g dunkle Schokolade mit mindestens 60 % Kakao (am besten Valrhona)
50 ml Haselnussöl
50 g Butter
100 g Zucker (50 für den Kuchen, 50 für die Sabayon)
100 ml Champagner (vom Aperitif)
100 ml Süßwein (vom Käse)
30 ml Weißweinessig
Saft einer halben Limone
Saft einer halben Orange
10 Eigelb (5 für den Kuchen, 5 für die Sabayon)
5 Eiweiß

Paprikamarmelade

6 saftige, rote Paprika (plus
2 zur Reserve)
2 knackige, möglichst glatte,
gelbe Paprika
weißer Zucker
Weißweinessig, besser wäre
allerdings Cidreessig
Agar Agar
Salz und Pfeffer

Das Komplizierteste beim Kochen von mehrgängigen Menüs für mehrere Leute ist meiner Meinung nach immer das Timing und die Kenntnis der richtigen „Tricks“. Ich werde die Rezepte daher im Ablauf der Vorbereitung darstellen und nicht, wie sonst üblich, jedes für sich alleine.

Paprikamarmelade

6 Paprika entsaften. Entweder im Entsafter oder, komplizierter, im Häcksler oder mit einem Pürierstab. Dazu Paprika in kleine Stücke schneiden und mit etwas Wasser in einem hohen Gefäß klein häckseln - ruhig etwas länger, es muss möglichst viel aromatisierte Flüssigkeit ergeben. Vermutlich wird dies in 2-4 Schritten gemacht werden müssen, da die Menge sonst zu groß ist. Die gehäckselte Paprika samt Saft durch ein Sieb in einen Topf passieren (durchdrücken, mit der Löffelrückseite oder einer kleinen Kelle). Die gesamte Flüssigkeit sollte etwa 500 ml ergeben. Da dies aber abhängig von der Größe und der Konsistenz der Paprika ist, kann es sein, dass noch 1 oder 2 weitere Paprika entsaftet werden müssen. Essig und weißen Zucker je nach gewünschtem Geschmacksresultat (mehr süß als sauer, oder umgekehrt) einrühren - weiß muss er sein, da die Marmelade mit braunem Zucker eine hässliche Farbe erhält, obwohl sie mit diesem noch besser schmecken würde. Mit Salz und Pfeffer abschmecken und langsam köchelnd etwa auf die Hälfte einkochen lassen. Gegebenenfalls nachsüßen oder säuern.
Während der Paprikasaft einkocht, die 2 gelben Paprika enthäuten, hierfür gibt es zwei Möglichkeiten. Die echte: Paprika vierteln, möglichst glatt (die beiden Enden brauchen wir nicht) mit der Schale nach oben auf ein Backblech legen und unter der Oberhitze im Backofen richtig schwarz werden lassen. Immer beaufsichtigen, sonst ergibt es „Paprika Jeanne d'Arc“. Wenn die Schale so richtig schön schwarz geworden ist, rausnehmen, in eine Plastiktüte geben (Gefrierbeutel oder ZipLocs gehen am besten), 2 Minuten zuhalten und leicht abkühlen lassen. Dann sind sie nicht mehr so heiß und pellen sich leichter. Paprika vorsichtig abpellen, die braunen Stellen an den Kanten abschneiden, die Kanten „begradigen“ und die Paprika in maximal 3 x 3 mm große Quadrate schneiden. Die „unechte“ Methode: Paprika mit einem Kartoffelschäler schälen, in die gleichen kleinen Würfel schneiden, in einer beschichteten Pfanne mit ganz wenig Olivenöl bei mittlerer Hitze und viel Bewegung leicht (!) anschwitzen. Das Ergebnis ist von der Konsistenz her das gleiche, es schmeckt nur nicht ganz so lecker rauchig.
Mittlerweile sollte der Paprikasaft um die Hälfte reduziert sein, vom Feuer nehmen, die gelben Würfelchen (übrigens nur der Optik wegen nehme ich gelbe, man kann auch wunderbar rote nehmen - grüne allerdings schmecken nicht) hinzugeben und verteilen, Agar Agar laut Anleitung vorbereiten (übrigens eher immer zu viel als zu wenig nehmen - lieber etwas festeres Gelee als flüssige Pampe ...), Agar Agar Mischung hinzufügen, kurz aufkochen lassen und in eine rechteckige Form gießen (Tupperdosen sind hervorragend, am besten sind 2 quadratische - eine zum Aufheben und eine zum gleich Essen) und im Kühlschrank abkühlen lassen. Zum Servieren die Dose stürzen, das Gelee in Würfel schneiden und auf jedem Käseteller 2-3 Würfel verteilen. Ergibt in einem Marmeladenglas übrigens auch ein wunderbares Mitbringsel für Menschen, die gerne Käse essen.

Steinpilzgelee, Minzgelee und Limonengelee

Wo wir schon einmal bei Gelees sind, bleiben wir auch dabei, das passt auch gut in das Timing. Das Prinzip ist immer das gleiche: Eine Flüssigkeit mit oder ohne Zugabe fest werden lassen und in Würfel schneiden. Sieht wunderhübsch aus, ist unglaublich lecker und eine ungewöhnliche Präsentationsart.
Steinpilzgelee: Ein Beutelchen getrocknete Steinpilze für eine Stunde in 300 ml Wasser einweichen (am besten noch vor der Paprikamarmelade einweichen), dabei immer wieder ausdrücken, damit möglichst viel Geschmack in die Flüssigkeit übergeht. Die Pilze

auspressen, die Flüssigkeit aufheben (!) und die Pilze mit einer kleinen Schalotte und einer kleinen Knoblauchzehe scharf anbraten. Mit der Flüssigkeit ablöschen und um die Hälfte reduzieren.
Durch ein Sieb und ein Mulltuch (oder eine Lage Küchenpapier) passieren, mit der vorbereiteten Menge Agar Agar vermischen, in eine rechteckige Form geben und fest werden lassen. Wichtig bei den Gelees ist, dass nicht nur der Boden bedeckt ist, sondern dass richtige „Würfel" geschnitten werden können, also ca. 1-1,5 cm hoch.
Minzgelee: Pfefferminztee (lose, nicht Fixminze o. Ä.) mit 150 ml Wasser aufkochen, eine Hand voll Minze (frisch) klein hacken, mit dem „Minztee" aufkochen und dann mit dem Pürierstab mixen, mit Agar Agar vermischen, aufkochen lassen, in eine Form füllen und im Kühlschrank fest werden lassen. Wer keine Blättchen drin haben möchte, muss die Flüssigkeit vorher durch ein Sieb geben.
Limonengelee: 50 ml Läuterzucker (Wasser und weißen Zucker in gleicher Menge kochen, bis ein Sirup entsteht), 50 ml Wasser und 50 ml Limonensaft kurz aufkochen, mit Agar Agar vermischen, in eine Form geben und im Kühlschrank fest werden lassen. Kurz bevor die Flüssigkeit fest wird, die eine oder andere Johannisbeere, Walderdbeere oder andere kleine Beeren in gleichmäßigen Abständen hinzugeben und mit fest werden lassen.

Paprikareduktion

5 rote Paprika (geht auch wieder mit gelben) entsaften oder im Mixer mit ein wenig Wasser pürieren und durch ein Sieb passieren. Wem das zu aufwendig ist, der kann auch ein Mulltuch nehmen (Eltern von kleinen Kindern haben davon reichlich), die Masse da hinein geben und sie durchdrücken. Die Flüssigkeit mit 2 EL Zucker und 2 EL Weißweinessig so lange köcheln, bis ein „Sirup" entsteht. (Sirup läuft, wenn überhaupt, nur dickflüssig die Rückseite eines Löffels hinunter). Aufpassen, erst dauert es lange, dann geht es plötzlich ganz schnell. Abkühlen lassen und in ein kleines Fläschchen mit einer Tülle umfüllen, kleine Senfflaschen aus Plastik von Heinz oder von konzentriertem Zitronensaft gehen sehr gut, es geht aber genauso gut mit einer dicken Wegwerfspritze aus der Apotheke. Ziel ist es, mit der Reduktion kleine Spiralen oder Müsterchen um den Rand des Ratatouilletürmchens zu „malen", also was immer einem geeignet zu „malen" erscheint …

Eisenkrautöl

Eisenkraut (auch Verbene oder Verveine genannt) ist ein tolles Kraut. Es schmeckt primär zitronig, hat aber auch eine leicht metallische Note. Frisch bekommt man es im gut sortierten Gemüsehandel, eventuell muss man es bestellen. Getrocknet (in ganzen Blättern möglichst) bekommt man es in gut sortierten Teegeschäften, Kräuterläden oder als Tee auch im Reformhaus. Es schmeckt jedoch nicht halb so gut wie das frische. Sollte es nicht erhältlich sein, könnte man es durch Zitronenmelisse ersetzen, doch dann fehlt die metallische Note.
Kräuteröl kann man leider nicht wirklich in kleinen Mengen machen, aber es hält sich etwa 2 Wochen und ist vielfältig einsetzbar. Wichtig ist nur, dass es in ein verschließbares Gefäß gefüllt wird. Einfache Kräuteröle stelle ich alle gleich her, so dass hier der Versuchsküche keine Grenzen gesetzt sind.
Also, ein Bund Eisenkraut kurz (ein paar Sekunden höchstens!) in kochendes Wasser tauchen, mit kaltem Wasser abschrecken und mit einem Pürierstab mit 150 ml Olivenöl pürieren. Das Öl aber bitte nicht als ganzen Schwall hinzugießen, sondern nach und nach, damit sich alles gut vermengt. Wem dies zu intensiv ist, der kann auch mehr Öl nehmen, wer das Öl rein (ohne Kräuterteilchen) haben möchte, der muss es durch ein Mulltuch seihen.

Erbsenschaumsuppe

Pro Gast rechne ich mit zwei Hand voll Erbsen, von denen ich sowohl die Schalen als auch die Erbsen nutze. Erbsen aus den Schalen lösen und beiseite stellen. Schalen mit einer großen Schalotte in einem großen Topf mit Olivenöl leicht anbraten, bis die Schalotte glasig ist, und mit einem guten Liter Hühnerfond angießen (wenn ich keinen selbst gemachten eingefroren habe, nehme ich den von Lacroix, es gibt aber auch eine Paste von Langbein, die nicht schlecht ist. Wer viel Geld ausgeben möchte, kauft reines Extrakt ohne Geschmacksverstärker, z.B. bei „Johannes Groote – Besser

Kochen“, ein ganz interessanter Versandhandel) und für eine Stunde vor sich hin köcheln lassen, so dass am Ende etwa die Hälfte übrig ist. Die verbleibende Menge durch ein Sieb passieren, dabei kräftig auf die Erbsenschalen drücken, damit sie möglichst viel Geschmack abgeben. Die Flüssigkeit dann noch einmal durch ein Mulltuch oder ein ganz feines Sieb oder eine Lage Küchenkrepp seihen, damit alle Schwebeteilchen entfernt werden. So weit, so gut, den Rest machen wir „à la minute“.

Ratatouilletürmchen

Eine gelbe Paprika schälen, 3 x 3 mm große Würfel schneiden, mit einer kleinst gehackten halben Schalotte und einer Messerspitze gehacktem Knoblauch in Olivenöl kurz anbraten (in einer unbeschichteten Pfanne), in ein Schälchen füllen und wegstellen (analog TV-Kochstudio). Das Gleiche mit der roten Paprika, dem Zucchino, der kleinen Aubergine und der Fleischtomate (die allerdings vorher einritzen, kurz in kochendes Wasser legen, wenn die Haut sich löst, rausnehmen, die Haut abziehen, vierteln und die Kerne rauskratzen). Jetzt sollten fünf Schälchen mit Gemüsewürfeln auf der Zubereitungsfläche stehen. Nun braucht man runde, 10 cm hohe Ausstechformen mit 5 cm Durchmesser. Wenn man die nicht hat, dann geht man in einen Baumarkt, kauft ein graues Fallrohr aus Plastik mit 5 cm Durchmesser, bittet den Sägemaschinen-Bediener, dies in 10 cm lange Stücke zu schneiden, und stellt erst einmal fest, ob man in Zukunft mit Türmchen experimentieren möchte, bevor man viel Geld für professionelle Förmchen ausgibt. Die Minifallrohre beziehungsweise die Ausstechformen (beides geht gleich gut) innen mit Olivenöl einreiben, auf je ein Blatt Frischhaltefolie stellen und diese unten mit einem Gummiband festmachen (das ist wichtig zum Servieren). Jetzt eine Schicht rote Paprikawürfel hineingeben und mit einem verbogenen Löffel leicht festdrücken, dann nacheinander die Würfel von Aubergine, Zucchini, Fleischtomate und gelber Paprika schichten. Oben auch eine Frischhaltefolie darüber legen und in den Kühlschrank stellen.

Schokoküchlein

(Hiervon mache ich immer mehr, die sind wunderbar am nächsten Morgen zum Frühstück.)
Die gehäuteten Nüsse (entweder so gekauft oder im Backofen warm machen, in einen Beutel geben und mit beiden Händen gegeneinander reiben, bis die Haut ab ist) in einer Pfanne bei niedriger Hitze ohne Fett bräunen (permanent bewegen, sonst gibt's verbrannte Nüsse!) und im Mixer fein häckseln (geht auch mit einem großen Messer). Die Schokolade (Valrhona ist die beste, aber Lindt ist auch nicht so verkehrt) und das Haselnussöl (es kann auch Walnussöl sein, wenn das andere nicht erhältlich ist) in eine Metallschale geben und im Wasserbad schmelzen. Butter schmelzen und mit dem Zucker schaumig rühren (dauert einen Moment ...), mit den 5 Eigelb verrühren, die Masse zu der Schoko-Öl-Mischung hinzugeben und weiterrühren. Die gehackten Nüsse hinzugeben, weiterrühren, Eiweiß steif schlagen (eine Prise Salz hilft dabei ...) und unterheben. Förmchen buttern (am besten gehen Silikonformen, da bleibt nie mehr etwas hängen, sind superleicht zu handhaben und müssen nicht gebuttert werden) und maximal dreiviertelhoch befüllen. Wegstellen, sie werden später gebraucht.

Perlhuhnbrüste

Ofen auf 200° vorheizen, die Brüste mit Salz und Cayenne würzen und auf der Hautseite (und nur auf der Hautseite!) in reichlich heißem Öl (Sonnenblumen-, Traubenkern- oder Erdnussöl) schön braun anbraten und dann samt dem Anbratöl für knappe fünf Minuten in den Ofen stellen. Dabei die Brust immer wieder drehen und mit dem Öl begießen. Ein halbes Glas Lacroix-Geflügelfond stark einkochen (auf 10 % der Originalmenge), mit einem Löffel Honig, dem Saft einer Zitrone und (je nach gewünschter Intensität) 5-10 fein gehackten Eisenkrautblättern kurz zu Sirup aufkochen. Die Brüste auf der Hautseite mit einem Pinsel mit dem Sirup einpinseln, in eine feuerfeste Form geben. Mit Alufolie abdecken und wegstellen, sie werden später wieder herausgeholt. Den restlichen Sirup auf jeden Fall aufheben, den brauchen wir nachher auch wieder.

Kartoffelblumen

Ganz einfach, unglaublich hübsch. Die 4 Kartoffeln schälen (eventuell die eine oder andere zum Üben mitschälen ...), oben und unten so viel abschneiden, dass das verbleibende Stück so hoch ist, dass man es mit einem Schäler in ein langes „Band“ schälen kann (so wie Muttern früher Äpfel geschält hat ...). Das „Band“ wieder zusammenrollen, mit einem Zahnstocher zusammenhalten und in Wasser legen. Wenn alle „Bänder“ fertig sind, abtropfen lassen und die Oberseite in Butter leicht bräunen, umdrehen, Folie rauf und wegstellen, sie werden später gebraucht.

Corailschaum

Die Jacobsmuscheln kurz unter fließendem Wasser abspülen, den Corail abschneiden sowie von allen weiteren halbfesten Stückchen befreien (gefrorene Jacobsmuscheln sollte man nicht in Wasser auftauen, da sie das Wasser nur aufnehmen werden und während des Bratens wieder abgeben – so wird es fast unmöglich, die Muscheln schön braun anzubraten). Den Corail leicht mit Salz und Cayenne würzen, mit einem guten Glas Weißwein und einem Schuss Olivenöl im Ofen bei 200° für 5–8 Minuten erwärmen und mit dem Pürierstab fein pürieren. In ein warmes Wasserbad stellen, er wird als Erstes gebraucht.

So, jetzt beginnt die letzte Stufe der Vorbereitung.

Den Rotbarsch kurz unter fließendem Wasser abspülen, trockentupfen mit Salz und mit Cayenne pfeffern, die Chorizo von der Haut befreien, in dünne Scheiben schneiden, Kartoffeln schälen und in Salzwasser sehr weich kochen, Wasser abgießen. Alles bereitstellen, brauchen wir später.

Der Pak Choi sollte jetzt auch gewaschen sein, den Ofen auf 100° vorheizen, für die Suppe tiefe Teller anwärmen, die Teller für die Vorspeise bereitstellen, Rotwein aussuchen, eventuell dekantieren, Mineralwasser geschmacklich anreichern (eine dünne Scheibe Gurke wirkt Wunder ... Minze oder Limone oder Erdbeeren auch ...).

Das eigentliche Kochen.

Ratatouilletürmchen mit Jacobsmuscheln, auf Corailschaum mit Paprikareduktion

Die Türmchen vorsichtig in der oberen Mitte eines flachen Tellers platzieren (es wird ein „Dreieck“ aus Türmchen und den 2 Jacobsmuscheln), sämtliche Folien abnehmen (die untere unter dem stehenden Türmchen rausziehen), leicht mit dem verbogenen Löffel runterdrücken, aber noch nicht von der Form befreien! Den Corailschaum im Wasserbad heiß werden lassen, die Jacobsmuscheln mit Salz und Cayenne würzen, in einer heißen, beschichteten Pfanne mit wenig Traubenkernöl von beiden Seiten schön braun braten, einen Deckel drauf und kurz warm stellen. Man kann natürlich auch Olivenöl nehmen, Traubenkernöl hat nur meistens einen leichteren Eigengeschmack und einen höheren Rauchpunkt – kann also heißer gemacht werden als Olivenöl und eignet sich daher besser zum Braten. Den Corailschaum mit einem Schluck Olivenöl mit dem Pürierstab schaumig schlagen, vorsichtig die Formen von den Türmchen abziehen, dabei mit dem Löffel helfen, mit den Jacobsmuscheln das Dreieck vervollständigen, den Corailschaum drum herum löffeln, die Paprikareduktion in schönen Kringeln um das Dreieck „malen“ und vorsichtig servieren.

Erbsenschaumsuppe mit Steinpilz- und Minzgelee

Den mit Salz und Pfeffer gewürzten Erbsenfond zum Kochen bringen, die Erbsen in kochendem Wasser blanchieren (60 Sekunden), unter kaltem Wasser abschrecken (damit sie ihre Farbe behalten), in einem hohen Gefäß die Erbsen mit dem Fond pürieren, das Minz- und das Steinpilzgelee aus den Formen lösen, in Quadrate schneiden die Suppe mit einem Schluck Olivenöl schaumig aufschlagen und mit je 2 Minz- und Steinpilzgeleewürfeln in den erwärmten Tellern zügig servieren (die Würfel lösen sich in warmer Flüssigkeit nach einiger Zeit wieder auf). Einen weiteren Satz tiefe Teller im Ofen anwärmen.

Rotbarsch auf der Haut gebraten, mit Chorizo auf Meerrettichpüree

Die Kartoffeln mit einem guten Schluck Milch wieder erwärmen, während sie warm werden, stampfen, geschmolzene Butter hinzugeben (Mikrowelle zum Schmelzen benutzen ... ich mag ja auch einen Schluck Sahne im Püree, aber das ist nicht wirklich diätisch ...), mit Salz und Muskat abschmecken und den frischen Meerrettich hineinreiben (vorher schälen ...), bis es intensiv nach Meerrettich schmeckt, Deckel rauf und warm stellen. In einer heißen, beschichteten Pfanne die Chorizo in Traubenkernöl (siehe oben) sehr scharf anbraten – das Öl sollte richtig orange sein, den Rotbarsch mit der Hautseite zu der Chorizo geben, kurz anbraten, wenden, wiederum kurz anbraten und wieder zurück auf die Hautseite drehen. Die Temperatur runterdrehen und weiter auf der Hautseite braten. Der Fisch wird sich dabei nach innen drehen wollen, da die Spannung auf der Hautseite erhöht wird, daher die Fischstücke mit einem Wender runterdrücken, damit er überall kross anbrät, je nach Dicke der Stücke braucht der Fisch zwischen 3-5 Minuten auf der Hautseite. Das Meerrettichpüree in die Mitte des warmen Tellers geben, den Fisch mit der krossen Hautseite nach oben auf dem Püree platzieren, die Chorizostücke drauf und drum plazieren und rundherum mit dem Chorizoöl beträufeln. Wer sich mehr Arbeit machen möchte, frittiert in ein wenig Olivenöl eine Hand voll Basilikumblätter und gibt diese zusätzlich über den Fisch - der ganze Vorgang des Frittierens dauert übrigens keine 15 Sekunden! Nun den Ofen auf 180° erhitzen und die Kartoffelblumen ganz unten fertig garen (nicht vergessen, sie brauchen etwa 15 Minuten!).

Lackierte Perlhuhnbrust mit Kartoffelblume, Pak Choi und Eisenkrautöl

Der Ofen sollte mittlerweile 180° erreicht haben, die Kartoffeln sollten fast fertig sein. Oberhitze anmachen und auf der zweiten Ebene von oben die Perlhuhnbrüste fertig zubereiten, wieder mit dem Sirup bestreichen, alle 60 Sekunden wiederholen und den Sirup quasi einbrennen - dabei allerdings ständig ein Auge auf den Fortschritt haben, da der Honig im Sirup schnell verbrennt, wenn die Temperatur zu hoch ist, dann die Brüste eine Ebene tiefer stellen - das alles dauert maximal 5 Minuten. Die Kartoffeln eine Ebene höher stellen und auf der untersten Ebene die Teller anwärmen. Eine halbe gehackte Knoblauchzehe und ein paar Eisenkrautschnipsel in ein wenig Olivenöl andünsten, 5-6 Esslöffel des Geflügelfonds hinzugeben, kurz aufkochen, den Pak Choi für eine Minute hinzugeben, vom Feuer nehmen und kurz warm stellen. Die Brüste aus dem Ofen nehmen, jede Brust in sechs Scheiben schneiden, auf den Tellern anordnen. Den Pak Choi wie die Kartoffelblumen aufdrehen (geht ganz einfach in einer kleinen Schüssel, wie Spaghetti), neben die Brüste geben, etwas auseinander ziehen und die Kartoffelblumen darauf geben - es soll aussehen wie eine Blume -, das Eisenkrautöl darum „malen" und servieren. Ofen anlassen.

Schokoküchlein mit Sabayon und Limonengelee

Die Küchlein in die Mitte des Ofens stellen. Den Zucker mit dem Champagner (vom Aperitif), dem Süßwein (vom Käse) und den restlichen Zutaten mit dem Stabmixer verrühren und über dem Wasserbad mit einem Schneebesen nicht fest, nur schaumig aufschlagen (dauert einen Moment). Die Küchlein sollten jetzt fertig sein (sie brauchen ca. 8-10 Minuten), in die Mitte eines großen, flachen Tellers stürzen. Das Limonengelee aus der Form stürzen und in Würfel schneiden, so dass in jedem Würfel eine Beere ist. Die Sabayon auf die eine Hälfte der Küchlein geben und die Limonengeleewürfeln auf der anderen Seite dekorieren.

Lieber Pellkartoffeln als im Mondschein gepflückte Trauben an sonst was

ROLF HEIDE (Design und Innenarchitektur) „Der Mann fürs Wesentliche" – so wird der Möbel- und Produktdesigner, Innenarchitekt und Querdenker Rolf Heide gern beschrieben. Als Vertreter der klassischen Moderne deutscher Innenarchitektur widmet er sich in langen Arbeitsprozessen der Reduktion und geradlinigen Einfachheit – bei allem, was er tut.

Kochen und Kreativität gehören zusammen. Einverstanden. Dass gutes Kochen heutzutage auch den Mann auszeichnet, meinetwegen. Ich gehöre nicht zu dieser emanzipierten Gruppe. Irgendwann haben meine Frau und ich entschieden: Sie kocht und ich zeichne Küchen. Sie hat es inzwischen zur Meisterschaft gebracht, ich bewundere täglich ihr Feeling und ihre Improvisationsgabe. Ich habe gelernt, dass es auf den sorgfältigen Einkauf, auf die richtigen Zutaten, auf das entsprechende Gewürz und vor allem, beim Kochen, auf das minutengenaue Timing ankommt und dass beim Kochen eigene Gesetze herrschen, dass die Küche erbarmungslos praktisch sein muss. Ich habe oft ein Kopfschütteln erlebt: „Was Männer so zusammenplanen, keine Ahnung haben sie."

Unsere Sache ist nie das opulente oder gar das akrobatische Kochen, sondern das einfache, aus dem, was das frische Angebot hergibt. Lieber gute Pellkartoffeln mit einer Käsesauce oder Risotto mit frischen Steinpilzen als im Mondschein gepflückte Trauben an sonst was.

Es gibt natürlich Lieblingsgerichte, es gibt Gerichte, die uns schon lange begleiten, Gerichte, die immer wieder schmecken, die so einfach herzustellen sind. Zwei Beispiele dazu habe ich mir von Lotti Heide sagen lassen. Hoffentlich habe ich sie nicht durcheinander gebracht. Hier sind sie:

WIRSINGKOHLEINTOPF UND ZITRONENKUCHEN

Zutaten:

Wirsingkohleintopf

Wirsingkohl
Lammhack
Tomaten
Schalotten
Olivenöl, Knoblauch, Zitrone

Aus den Blättern des Kohls alle weißen Rippen herausschneiden, die Blattteile in ca. 5 cm passende Stücke schneiden, in sprudelndem, kochendem, gut gesalzenen Wasser ca. 4 Minuten blanchieren, abgießen und abschrecken. Schalotten klein schneiden, mit dem Knoblauch und dem Hackfleisch anbraten, den Wirsing mit der Hand ausdrücken, alles vermischen. Mit Salz und weißem Pfeffer würzen und mit einigen Tropfen Zitronensaft kurz aufkochen lassen, zum Schluss wird die Tomatenconcassée untergemischt. Als Beilage Salzkartoffeln.

Tomatenconcassée

Die Tomaten werden mit kochendem Wasser übergossen, kurz kalt abgeschreckt, die Haut wird abgezogen, sie werden geviertelt, alle Kerne werden entfernt, und sie werden in Würfel geschnitten.

Zitronenkuchen
Zutaten für den Teig:
4 Eier
250 g Mehl
250 g Zucker
250 g Butter
1/2 Paket Backpulver
Zutaten für den Saft:
2 ungespritzte Zitronen
2 ungespritzte Orangen
200 g Zucker

Von den Früchten die Schale abraspeln, mit ihrem Saft und dem Zucker vermischen und zum Auflösen beiseite stellen.
Aus den Eiern, der Butter, dem Mehl und dem Backpulver einen Teig herstellen und in eine Kuchenform mit 28 cm Durchmesser füllen, ca. 45 Minuten bei mittlerer Hitze backen. Mit einer dicken Gabel mehrmals in den fertigen, noch heißen Kuchen stechen und den Saft einträufeln lassen. Nach dem Erkalten aus der Kuchenform lösen und mit Puderzucker bestreuen. Besonders gut schmeckt der Kuchen, wenn er einen Tag vor dem Verzehr gebacken wird – der Teig hat sich dann vollständig mit dem Zitronen- und Orangensaft verbunden.

„Irre basic" oder: Maurice Morell grillt Forellen am See, Surfen kommt später

MAURICE MORELL Der diplomierte Grafik-Designer arbeitete u.a. als Werbeleiter, in der Erwachsenenbildung, als Fernseh- und Screen-Designer, Online-Redakteur und als PR-Manager, zuletzt in der Multimediaagentur Elephant Seven. Mittlerweile selbstständig, coacht er Mittelständler und kreative Einzelkämpfer in Sachen PR und Networking. m.morell@freenet.de

Der Ort: Campingplatz Bredenbeker Teich (... der ein See ist), irgendwo zwischen Ahrensburg und Hoisbüttel bei Hamburg. Maurice Morell hat hier ein Refugium, einen Bürstner Wohnwagen, 6 Meter mit Vorzelt und viel Platz unter Eichen, direkt am See. Der Einzige mit Internet-Anschluss („Herr Morell, surfen Sie gerade?"). Der polnische Nachbar Piotr hat gerade gemäht, es duftet nach Rasenschnitt. Im Hintergrund die Geräuschkulisse vom Badestrand und Vögel-Gezwitscher. In der Ferne rauschen die Pappeln. Ferien-Athmo, Kindheitserinnerungen.

Das Wetter: 26 Grad – das Wasser hat 23 Grad. Blauer Himmel, die Fahnen wehen leicht Richtung Nordost. Regenwahrscheinlichkeit: 10 %. Hohe Luftfeuchte, an den kühlen Soave-Flaschen perlt es herunter.

Die Gäste: 15 kommen. Einige kennen sich gut, einige weniger, andere erst seit Minuten. Dabei: Angélique, Achim, Heike, Angela, Werner, Matthias, Carsten, Brigitte, Anne, Meno, Philipp, Gesine, Bruder Albert, Peter, Edith, David und Harald. „Mal wieder Natur haben, vielleicht gemeinsam schwimmen, genießen wir einen Tag am See. Badehose vergessen – ach, es gibt auch FKK?"

Der Fisch: Forellen, selbst gefangen, und Loup de Mer von der Fischhändlerin Hansen in Ahrensburg. Den hat sie eingelegt über Nacht in eine Gewürzkräuter-Marinade. Hervorragend! Die Forellen werden noch ordentlich gesalzen und gepfeffert, innen vorn mit etwas Gewürzbutter eingerieben. Die robusten Grillgestelle waren Sonderangebote im Ahrensburger Kaufhaus Nessler – ein guter Fang.

Die Getränke: ein anständiger Soave, ein Pinot Grigio und roter kalifornischer Zinfandel. Exzellent: selbst gezapfte Flaschen mit Quellwasser aus eigenem Brunnen vor Ort.

Die Kartoffeln: vom Bauern um die Ecke, ungeschält mit 20 Löffeln Salz gegart. Es kristallisiert an der Schale.

Die Saucen: Eine Apfel-Sahne-Sauce verbindet die Kartoffeln hervorragend mit dem Fisch. Die leichte Senfsauce ist auch sehr begehrt.

Das Brot: Baguette mit Knoblauchbutter, aufgeschnitten gegrillt.

Der Salat: bunte Kreation der Saison von Angela, die Sauce hat sie separat im Marmeladenglas mitgebracht, die Pinienkerne im Vorzelt angeröstet.

Der Kuchen: Far Breton, bretonischer Puddingkuchen. Selfmade mit 6 Eiern ...

Der Kaffee: mallorquinische Spezialmischung, vom Bruder besorgt.

Das Besteck: zum größten Teil Original-Besteck der Restauration am Bredenbeker Teich, die es nicht mehr gibt.

Die Nachbarin Erika war Köchin dort. Als sie wegzog in den Süden, sagte sie: „Hier, Morell, Besteck braucht er." Ein Nachlass mit deutlicher Prägung.

Der Tag: Es kommen mehr Gäste als erwartet, Fischmesser fehlen und zwei Teller, wir improvisieren, breiten einen Teppich auf dem Rasen aus, her mit den Kissen, ist doch schön so. Es schmeckt. Brigitte mag Fisch nicht. Die Salatschüssel ist riesig, es ist genug da. Die Ersten wollen jetzt schwimmen und kommen gar nicht wieder. Sonnenbrandgefahr! Die Mücken kommen jetzt. Haben wir Autan? Ja, haben wir. Das Wasser ist herrlich! Göttlich, das Gefühl danach. Ist noch Wein da? Kaffee, ja gern ... Kinners, was haben wir es gut.

Die Nacht kommt: Die Temperatur sinkt nur minimal. Die Schnecken sind aktiv, barfuß geht keiner mehr. Oh schau, Sternschnuppen. Fledermäuse schwirren nah über unseren Köpfen, fangen Mücken. Na endlich, Gesine kommt per Taxi aus der Stadt. Sie war irrtümlich auf einer anderen Party im Nachbarort gelandet. Man wollte sie nicht mehr gehen lassen, klar. Morell serviert ihr Fisch auf Salat an Kartoffeln und Sauce. Wir stoßen an. Sie: „Wie schön hier, irre basic." Ja, finden wir auch.

André steht gern am Grill, ich bin süchtig nach Parmesan

ANDRÉ FELDMANN und **ARNE SCHULTCHEN** (feldmann+schultchen design) Das Team von f+s sitzt in einer ehemaligen Wäscherei in Winterhude und arbeitet interdisziplinär: Hier entstehen neue Markenbilder und Verpackungen neben Möbeln und Interiors und es werden ganz neue Produkte erfunden. www.fsdesign.de

Vielleicht liegt es daran, dass es keinen besseren Ort gibt, um ein kühles Astra aus der Flasche zu trinken, mit Freunden zu reden, draußen Musik zu hören, die Kinder in sicherer Entfernung im Garten toben zu lassen, unsere Hunde nebenbei zu beschäftigen, um sie vom Duft des Fleisches abzulenken, mit Feuer, Werkzeugen und qualmenden Maschinen zu hantieren – Modell „Mike“ besitzt zwei coole, schaltknüppelartige Hebel zum Justieren der Rosthöhe: warm, medium, hot – und dankbar das gar nicht so miese Wetter in Hamburg zu genießen.

Und es liegt daran, dass wir genau wissen, was auf den Tisch kommt: Vom Schlachter Striga das norddeutsche Salzwiesenlamm, zart wie Marzipan, ein Klassiker der Cesar's Salad.

Wenn wir sitzen, tauschen wir die Astra-Pulle gegen ein schönes Holmegaard-Glas mit Rotwein: Perfekt zum Lamm ist ein gerade entdeckter 99er Montepulciano d´Abruzzo von Zaccagnini (wollten wir mal einlagern, aber nach 2 Monaten waren alle Kartons leer).

Solange uns die Mücken nicht nerven – wir wohnen mit unseren Familien nahe an Wiesen und Weiden –, bleiben wir draußen. André atmet noch einen 103er, Miles Davis' „Flamenco Sketches“ begleitet typische Rotweingespräche und wir sind glücklich.

ESSEN UNTER FREIEM HIMMEL

Zutaten:
Lammlachse vom norddeutschen Salzwiesenlamm

Cesar's Salad

1 großer Romanasalat
5 Knoblauchzehen
4 Sardellenfilets
Saft von 1 Zitrone
Olivenöl extra vergine
Worcestersauce
geröstete Weißbrotwürfel
schwarzer Pfeffer aus der Mühle
Salz
Mengen von frisch geraspeltem Parmesan

Zum Fleisch: selbst gemachte Knoblauchbutter (Landbutter, frischer Knoblauch, glatte Petersilie und Salz)

Mit Rondoletten an Insalata di patate auf dem Sprung an die Börse des guten Geschmacks

MAJA BARTHELMES, STEFANIE FOCK UND GEORG MÖLLER (Möller Ideenscout) „Vordenken durch Nachdenken" – und das nicht nur beim Kochen – ist das Motto der Arbeit von Georg Möller, Maja Barthelmes und Stefanie Fock. Immer auf der Suche nach ungewöhnlichen, manchmal zunächst abseitig erscheinenden, äußerst phantasievollen Ideen im Dienst der guten Sache und des Kunden. www.ideenscout.com

Unser Gericht besteht aus Buletten und Kartoffelsalat, wobei wir Wert legen auf die Zutaten und die Zubereitung, die gerade bei diesen beiden Gerichten traditionell immer nur „Mama" oder „Oma" zugetraut wird und nicht sich selbst. Kochen ist so nur eine kultivierte Form des systemischen Familienstellens – dabei muss man sich in Wirklichkeit meist mutterseelenallein mit seinen kochenden Ergebnissen rumschlagen.

Wir wollen das, was wir auch in unserer Arbeit suchen, in die Küche transferieren: die Unterschiede zwischen Einfällen und Ideen rausarbeiten, selbstbewusste, lebensbejahende Bescheidenheit befördern, statt selbstmitleidige Angeberei zu unterstützen und das Sehen-Nachdenken-Handeln-Prinzip verbreiten. Was das mit Buletten, Kartoffelpampe und Design zu tun hat?

Erstens macht Georg die wohl erfolgreichsten Kleinstfleischbällchen, seit es Mütter gibt. Das Rezept wurde von ihm bislang aus guten Gründen geheim gehalten, um es vor Nachmachern zu schützen und Freundschaften, die vermutlich nur aus Gier zu seinen Rondoletten bestehen, zu bewahren. Enstanden aus der Not, nichts zu haben und nichts zu können, sind sie nun auf dem Sprung an die Börse des guten Geschmacks.

Ähnliches gilt auch für Majas angeblich italienischen Kartoffelsalat. Auch hier schmeckt etwas nach mehr und nach tradierter Expertenküche, entwickelt beim Genuss die ganze Sanftheit der Toskana im Abendlicht und ist doch nicht mehr als das Ergebnis einer Ablösung von überzogenen Ansprüchen angesichts leerer Kühlschränke. Einfach lecker, selbst auf dem Catwalk kulinarischer Eitelkeiten.

Für das Grande Finale sorgt Steffi, die das gleichnamige Langnese-Tiramisu von der Tanke beisteuert.

Gemeinsam schlagen unsere Einzelteile eine Brücke zwischen der kosmopolitischen Toleranz deutschen Bildungsbürgertums und dem leichtfüßigen, rassigen Stil traditionsbewusster italienischer Schuhbauer. Das Ergebnis: ein Geschmacks-Erlebnis mit beiden Füßen am Boden und dem Kopf über den Wolken. So wie Leben sein soll, und Design und eigentlich alles.

SÄTTIGUNGSBEILAGE DE LUXE

Zutaten:

Italienischer Kartoffelsalat

1 kg fest kochende Kartoffeln
2 Frühlingszwiebeln
1 Bund Petersilie
1 Bund frisches Basilikum
1 Hand voll Kirschtomaten
1 Hand voll getrockneter Tomaten
1 Hand voll Kapern
Salz und Pfeffer
Balsamico bianco - der braune tut's auch
Olivenöl
1 EL Senf

Kartoffeln kochen gemeinhin 20 Minuten, die Zeit reicht dicke aus, um Lauchzwiebeln zu schnibbeln, Petersilie zu hacken, Basilikum zu zerfleddern, die getrockneten Tomaten in kleine Würfel zu schneiden und Kirschtomaten zu halbieren. Aus Balsamessig, Olivenöl, Senf, Salz und Pfeffer rührt man eine lecker Vinaigrette an. Sind die Kartoffeln gar, schreckt man sie ab und schneidet sie in Scheiben. Jetzt wird alles gut durchmischt. Die Kartoffelscheiben mit den Kräutern, den Tomaten und zuletzt die Sauce. Da ham wa den Salat. Noch für eine Viertelstunde ab in den Kühlschrank, damit alles gut durchzieht. Und während der Salat sich erfrischt, kann man ein Selbiges tun und ein Gläschen nippen, bevor es an die Klöpse geht.

Rondoletten

(das sollte man für drei Esser dahaben - hat man mehr, braucht man mehr)
250 g gemischtes Hack (wer will, kann auch Straußen- oder Teuerhack nehmen)
2 rohe Eier ohne Schale
1 ehemals große Zwiebel, jetzt klitzeklein gehackt
200 g Semmelbrösel (am besten selber machen: zwei Hand voll Skorpa zwischen zwei Frühstücksbrettern zerbrettern)
200 g Haselnussmehl
1 1/2 gepresste Knoblauchzehen
2 Esslöffelhügel Kokosflocken
2 Esslöffelhügel Erdnussbutter
4 minigehackte Gewürzgurken
2 flache EL Dijonsenf (je nach Tiefenschärfe)
1 EL Sahnemeerrettich
2 EL Billig-Parmesan
Pfeffer, ordentlich
sehr gerne auch 2-3 Spritzer Tabasco
Salz in Massen
italienische Kräuter satt

Alles zusammenmengen und mit nackten Fingern fünf Minuten kneten. Ist die Masse zu feucht, mehr Semmelbrösel dran, ist sie zu brüchig, 1 Ei mehr dazutun. Masse zu Bällchen rollen, je kleiner, je feiner. Zielgröße: Durchmesser 1 Euro. Ausbacken in Olivenöl. Auf Rucolasalatblättern servieren. Möglichst verschiedene Senfsorten/Dipps anbieten.

Maurice Morell

Olaf Niemeier

Vincenz Warnke, Jan Dobmaier und Michael Trischberger
Rainer Groothuis

Jochen Henkels

Nils Jockel

Thomas Wendtland
Ulli Krieg

Marcus Greinke mit Sohn Oscar
Ulli Krieg

Sebastian Beck

Heike und Thomas Edelmann mit Sohn Tim

Uli Schneider
Inga Momsen, Tim Oelker und Nina Nendza

Karsten Weigel und Bernd Benninghoff

Rolf und Lotti Heide

Sybille Homann
Maurice Morell

Jan Störmer
Tim Oelker, Inga Momsen und Nina Nendza

Georg Möller, Stefanie Fock und Maja Barthelmes

André Feldmann und Arne Schultchen
Georg Schmitt

Stefan Harm und Tobias Jopp
Marcus Greinke

Herzhaft undogmatisch vegetarisch

GEORG SCHMIDT (Poggenpohl- und bulthaup-Küchen im stilwerk) Was wäre ein Institut für guten Geschmack wohl ohne Experten, die dabei helfen, die Küche zum Mittelpunkt des täglichen Lebens zu machen? Georg Schmidt macht mit Markenprodukten die Küche zu einem Ort, an dem nicht nur professionell gekocht, sondern auch genießerisch gelebt werden kann. www.cucina-hamburg.de

Eigentlich esse ich gern Fleisch. Und da die meisten vegetarischen Gerichte, die ich kenne, irgendwie so lätschert schmecken, bin ich, vegetarisch ganz undogmatisch, froh, endlich ein Gericht entdeckt zu haben, das vegetarisch und herzhaft ist: Eine Kombination, die mich begeistert.

GRAUPENEINTOPF

Zutaten:
1 Möhre
1 große Zwiebel
2 Knoblauchzehen
300 g Graupen
ein wenig Öl
0,6 l Gemüsebrühe
250 g Champignons
1 EL Zitronensaft
1 Bund Petersilie
2-3 EL Crème fraîche
Salz und Pfeffer

Die Möhre waschen, schaben und klein würfeln. Die Zwiebel und die Knoblauchzehen schälen und fein hacken.

Jetzt wichtig: Die Graupen so lange mit kaltem Wasser abspülen, bis das ablaufende Wasser klar bleibt. Sonst kleben die Graupen durch die nicht entfernte Stärke beim Garen zusammen.

Die Zwiebeln und den Knoblauch mit ein wenig Öl glasig braten und die Möhrenwürfel dazugeben und kurz mitbraten. Die Graupen hinzufügen und unter Rühren anschwitzen, bis sie vom Fett umschlossen sind.

Die Gemüsebrühe dazugießen und einmal die Graupen aufkochen, anschließend bei schwacher Hitze etwa 25 Minuten garen.

Die Pilze putzen, blättrig schneiden und sofort mit dem Zitronensaft beträufeln, damit sie nicht verfärben. Die Petersilie nach dem Waschen trocken tupfen und fein hacken. Die Pilze mit wenig Öl in einer Pfanne unter Rühren so lange braten, bis die Flüssigkeit, die sich bildet, wieder verdampft ist. Die Petersilie und die Crème fraîche unterrühren.

Das Pilzgemüse mit den gegarten Graupen mischen. Mit Salz und Pfeffer abschmecken. Fertig.

Ein zeitgemäßes Antidepressivum ohne Nebenwirkungen

JOCHEN HENKELS (henkels:gestaltet) „Was können wir für Sie tun?" Der Industriedesigner übernimmt von der Beratung, Konzeptionierung, Strukturierung bis zur Gestaltung und Produktion alles, was für die Verwirklichung individueller Einrichtungswünsche zu Hause oder am Arbeitsplatz wichtig ist – und sammelt Kaffeemaschinen. www.henkelsgestaltet.de

Preiswert, relativ gesund, schmackhaft und reich an Variationsmöglichkeiten: Denn auch Schmalhans ist mal Küchenmeister. Hier beschrieben sind Ablauf und Ingredienzen für eine Nudelspeise für vier Personen; wem es geschmeckt hat, der kann auch größere Mengen der Sauce zubereiten, einfrieren und später nur frische „Geschmackslieferanten" ergänzen.

ARME TEUFEL

Zutaten (Alternativen finden sich hinter den Angaben):
1 Zwiebel (2 Schalotten, 3 Frühlingszwiebeln)
2 große Zehen Knoblauch (gerne mehr, da als Gemüse verwendet)
Gemüsebrühe (Steinpilzbrühe)
Rotwein (Weißwein, Bier, Wasser)
50 g getrocknete Tomaten (ergänzend: sehr reife frische Tomaten)
1 Paket Nudeln italienischer Herkunft
Olivenöl
Salz und Pfeffer
Honig (Zucker)
Zitrone
Parmesan (Hartkäse)
Für besondere Anlässe: Fisch-, Fleisch- oder Tofustückchen, verschrumpelte schwarze Oliven und andere potente Geschmacksträger (z. B. auch gebratene Selleriestückchen, Pilze oder Konsistenzerweiterer wie gestampfte Kartoffeln)

Kochen mit Jochen:
Zwiebel, Knoblauch und Tomaten so zerkleinern, wie man sie später sehen und genießen will. Erstere in heißem Olivenöl goldig werden lassen, mit Brühe (und/oder anderen Flüssigkeiten) ablöschen, alle Tomaten (evtl. Oliven) eingeben und bei großer Hitze unter Hinzufügen von Flüssigkeiten 15 Minuten reduzieren. (Wer Zeit und den Herd dazu hat, kann auch bei kleiner Hitze 2 Tage einkochen, das schmeckt noch besser – wer hätte das gedacht ...).
Gegen Ende dieser Geschmacksverdichtung mit reichlich Salz, Pfeffer, (und/oder Pepperoniöl) und einem Teelöffel Honig abschmecken. Mutige mischen noch etwas gestampften Ingwer dazu.
Wenn die Sauce deutlich überaromatisch, aber „rund" schmeckt, ist sie richtig und wird mit den Nudeln verdünnt den Gaumen freuen. Vor dem Auftragen kann man die Sauce noch einmal mit einer halben ausgepressten Zitrone „frisch" machen – eine schöne Sommervariante.
Auf dem Teller gewinnt die Nudel mengenmäßig ca. 4 zu 1, ist die Sauce sehr scharf, werden es auch mal 6 zu 1. Hartkäse und (geschmackvolle!) Dekorationen nach Belieben. Die besonderen Ingredienzen werden separat und ohne viel Trara gebraten, wer kann, auch paniert, und später zugegeben. Oder mit den Tomaten als Konsistenzverlängerung gegen Ende mitgekocht.
Wohl bekomm's mit leckerleichtem, gekühltem Rotwein im Sommer, wohltemperiertem in Norddeutschland.

... irgendetwas fehlt doch immer!

SYBILLE HOMANN Die Glasdesignerin sammelt gebrauchte Flaschen, von Freunden, Nachbarn oder in Restaurants. In Handarbeit fertigt sie daraus Flaschenobjekte, Garderoben, Leuchten, Schalen und andere Kleinigkeiten. www.sybille-homann.de

Ich gestehe: Im letzten Sommerurlaub in Italien habe ich gern in den großen Supermärkten herumgestöbert – nicht nur, weil ich der Sprache nicht mächtig bin und die Etiketten in aller Ruhe lesen muss, um daraus schlau zu werden, sondern weil es dort kühl und über Mittag der angenehmste Platz war.

Auch in Hamburg bin ich selten auf dem Markt, was nicht daran liegt, dass ich das Ambiente nicht mag, es ist eher der Zeitfaktor. Am liebsten kaufe ich in kleinen Läden auf dem Nachhauseweg ein: Couscous beim Türken, Tintenfisch beim Portugiesen, Wein in einem der vielen Weinläden. Dabei bringe ich den Weinhändler gelegentlich zur Verzweiflung. Ich suche nicht nur den richtigen Wein zum Essen, sondern gleichzeitig auch noch die passende Flasche zum aktuellen Auftrag ...

Ähnliches gilt fürs Kochen: Es darf schnell gehen! Selten koche ich nach Rezept – erfordert mir zu viel Logistik, denn irgendetwas fehlt doch immer –, sondern lieber spontan, was gerade da ist und frisch zu kaufen ist. Dabei entstehen dann oft leckere neue Gerichte.

Beim Kochen gilt der Vorsatz, Garzeit ist Aufräumzeit – klappt nicht immer, aber die Küche sieht am nächsten Morgen aus, als wäre kaum was gewesen.

Gegessen wird an meinem Lieblingstisch, einem Altholztisch von Christian Kusenbach. Dazu einfaches weißes Geschirr, Wassergläser aus Italien und Besteck, das ich in einem Laden irgendwo in Schweden gefunden habe.

COUSCOUS MIT TINTENFISCH

Zutaten (für 4 Personen - alle Mengen sind ungefähr angegeben und können je nach Saison und Geschmack ergänzt werden ...):
500 g Tintenfisch
mindestens 4 Knoblauchzehen
2 Zwiebeln
1 unbehandelte Zitrone, in Scheiben geschnitten und geviertelt
2 Zweige Salbei
1 Zweig Rosmarin
gutes Olivenöl
Weißwein zum Ablöschen
12 schwarze Oliven
1 gelbe Paprika
250 g Cherry-Tomaten (oder andere reife Tomaten)
1 kleines Glas Kapern
ca. 250 g Couscous (instant)

Den Tintenfisch waschen und in Ringe schneiden. Knoblauch und Gewürze hacken. Zwiebel und Paprika halbieren und in Scheiben schneiden, Tomaten je nach Größe halbieren (Cherry) bzw. würfeln. Oliven entsteinen und klein schneiden. Couscous nach Packungsangabe vorbereiten.
Einen Wok aufheizen, Zwiebel in reichlich Olivenöl anbraten, die gehackten Kräuter, Paprika, Knoblauch und Zitronenstücke nacheinander dazugeben. Als Nächstes den Tintenfisch mitschmoren, dabei öfter umrühren. Mit Weißwein ablöschen, salzen und pfeffern.
Zuletzt Oliven, Kapern und Tomaten hinzufügen und noch ein paar Minuten weiterkochen.
Das Couscous auflockern und untermischen, fertig.

Ehemals frei laufende Eier

SEBASTIAN BECK (justblue.design) Produkt-, Grafik- und Packagedesign, spezialisiert auf Kosmetik und Interiors, von der Analyse über das Konzept, den Entwurf, das Modell, den Prototyp zur Produktinszenierung: Gemeinsam mit seinem Partner Jörg Ratzlaff bei justblue ist das das Tätigkeitsfeld des Industriedesigners Sebastian Beck. www.justblue.de

Das Rezept habe ich selbst entwickelt und innerhalb der letzten 15 Jahre immer weiter modifiziert. Bei dem Versuch, es niederzuschreiben, ist mir aufgefallen, dass ich über die genauen Mengen der Zutaten keine Angaben machen kann, weil ich immer aus dem Gefühl (und natürlich mittlerweile aus einer gewissen Routine) heraus einkaufe und koche. Deshalb werde ich es jetzt erst einmal wieder selbst zubereiten, um dann genaue Angaben machen zu können. Drei Wochen später: Gestern war der Fotograf da und nun kann ich auch alles aufschreiben.

RÜHREI SPECIALE

Zutaten:
2-4 Eier pro Person
durchwachsener Speck (kann auch so genannter „Frühstücks-Bacon" aus dem Frischepack sein …)
1 Schluck Milch
1 Schluck Mineralwasser
Salz und Pfeffer (möglichst frisch aus der Mühle)
Kräuter der Provence und Oregano
Paprika edelsüß
Instant-Delikatess-Brühe (aus dem Knorr- oder Maggi-Glas)

Und los geht's:
Speck klein schneiden. Eier in Schüssel schlagen, alle Gewürze dazu, Schluck Milch und Mineralwasser dazu, alles verquirlen. Speck in der Pfanne anbraten, Oregano, Kräuter der Provence, Brühe und Pfeffer dazu (kein Salz!!). Verquirltes Ei in die Pfanne geben und 5-10 Sekunden setzen lassen. Pfannentemperatur nicht verringern! Dann mit einem Pfannenschieber das Ei vom Rand zur Mitte einmal rundum zusammenschieben und wieder setzen lassen. Diesen Vorgang so lange wiederholen, bis in der Pfanne nichts mehr flüssig ist. Achtung: Die Zeit des „Sich-setzen-lassens" immer weiter verkürzen, damit nichts anbackt - also beim zweiten Schieben maximal 5 Sekunden.

Ein Gast, ein Gang

TIM OELKER ist eigentlichTischler und Industriedesigner. Mittlerweile gestaltet er nicht nur erfolgreich Produkte, sondern auch Innenräume und Verpackungen, und arbeitet als Grafikdesigner. www.timoelker.de

Wenn der Arbeitstag lang ist und die Zeit zur Vorbereitung mehrerer Gänge fehlt, bringt jeder Gast einen Teil des Menüs mit. Überraschend abwechslungsreiche Speisefolgen entstehen.

ROTGRÜNWEISSE TASCHE, PREISELBEERSAHNETOFUKARTOFFELN, DANISH DYNAMITE

Zutaten:

Die Vorspeise von Nina Nendza

(für 3 Personen)
6 Burritos (Teigfladen, die dem türkischen Pita-Brot ähneln, aber mexikanisch-spanischer Herkunft und in Delikatessläden erhältlich sind)
2 Mozzarella (ca. 250 g)
2-3 Tomaten
Basilikum
Olivenöl und Balsamico-Essig
Pfeffer und Salz

Gewürfelte Tomate, gehacktes Basilikum und klein geschnittenen Mozzarella mit Olivenöl, Balsamico, Pfeffer und Salz anmachen. Um die Burritos Streifen von gefaltetem Küchenkrepp knoten. Die rotgrünweiße Mischung in die Burritos füllen.

Die Hauptspeise von Tim Oelker

(für 3 Personen)
150-200 g Preiselbeeren
200 ml Schlagsahne
500 g Tofu
3-4 mittelgroße Kartoffeln pro Gast
Öl, Salz, Pfeffer und Zucker

Die Kartoffeln in schmale Scheiben schneiden und auf einem vorgefetteten Backblech im vorgeheizten Ofen auslegen. Mit Öl beträufeln und goldbraun backen. Tofu in schmale Scheiben schneiden, mit Salz und Pfeffer würzen und in einer Pfanne mit Öl anbraten. Die Schlagsahne mit ein wenig Zucker steif schlagen und die Preiselbeeren hinzufügen. Kartoffel- und Tofuscheiben auf Tellern anrichten, die Preiselbeersahne über den Tofuscheiben verteilen.

Die Nachspeise von Inga Momsen

(für 3 Personen)
750 g Pflaumen
Saft einer Zitrone
220 g Zucker
120 g Zwieback
120 g Schwarzbrot
2 Päckchen Vanillinzucker
4 EL Butter
Fett für die Form
2 Eiweiß

Die Pflaumen waschen, entkernen und in Viertel schneiden. Die Pflaumen mit dem Zitronensaft und 100 g Zucker zum Kochen bringen. Alles 5 bis 10 Minuten bei kleiner Hitze kochen lassen. Den Zwieback klein bröseln und in einer Schüssel mit 50 g Zucker und 1 Päckchen Vanillinzucker vermischen. Das Schwarzbrot klein bröseln und in einer Schüssel mit 50 g Zucker und dem restlichen Vanillinzucker vermischen. Beide Mischungen getrennt voneinander mit Butter in einer Pfanne anbraten. Den Backofen auf 250° vorheizen. Eine Auflaufform ausfetten. Immer abwechselnd die Zwieback-Mischung, die Pflaumen, die Schwarzbrot-Mischung, die Pflaumen schichtweise in die Form geben. Die 2 Eiweiße steif schlagen und mit dem restlichen Zucker vorsichtig vermengen. Diese Masse als Abschluss auf den Auflauf streichen. Im Backofen auf unterster Schiene 3 Minuten goldgelb werden lassen. Den Auflauf warm servieren.

Einer kocht Wasser, der andere fügt Salz hinzu

BERND BENNINGHOFF und **KARSTEN WEIGEL** (benninghoff/weigel/innenarchitektur/design) Der Innenarchitekt Bernd Benninghoff und der Designer Karsten Weigel gestalten u. a. Messestände und Showrooms, aber auch Möbel für die Öffentlichkeit, wie zum Beispiel das Stehpult „Nudo“, das unlängst mit dem hamburgerdesignpreis° 2001 ausgezeichnet wurde. www.benninghoff-weigel.de

Wir müssen gleich vorwegschicken, dass man die „kreative Küche“ bei uns vergeblich sucht: Wir sind Kochbuchnachkocher und Zubereitungsminimalisten.

Es muss schnell gehen, gut aussehen und lecker sein. Teamarbeit und Arbeitsteilung sind unabdingbar, alleine macht's keinen Spaß. Einer rührt, der andere würzt, einer isst, der andere wäscht ab – oder so ähnlich.

Gestaltung und Zubereitung werden strikt nach Kochbuch ausgeführt, es sei denn, man kann Zeit und Arbeit sparen. Die Gerichte müssen mit Abbildungen versehen sein, nach Bleiwüsten wird gar nicht erst gestartet.

Wir fangen immer mit Kohldampf an zu kochen, aus diesem Grund sind die Zubereitungszeiten entscheidend. Garen, ziehen und 2 Tage warten sind wichtige Ausschlusskriterien. Fertiggerichte sind auch nicht schlecht.

SPAGHETTI AL PESTO

Zutaten:
Spaghetti
frisches Pesto
Parmesan
Salz

Einer kocht Wasser, der andere fügt Salz hinzu.
Spaghetti ins kochende Salzwasser geben und warten, bis diese bissfest sind. Einer gießt dann das Wasser ab, der andere rührt das Pesto unter. Parmesan aufstreuen muss jeder selber.
Fertig-Gericht!

Aus dem Speiseplan eines Pandabären

NILS JOCKEL (Museum für Kunst und Gewerbe Hamburg) Der Design-Vermittler Nils Jockel kennt sie alle: Hamburgs Designer und Künstler, die örtliche Kultur-Szene in Museen, Galerien, Institutionen, Behörden und Redaktionen. Das gehört – neben viel Enthusiasmus und Geduld – zu seinem Job als Mittler zwischen kreativen Ideen und ihrer Präsentation in der Öffentlichkeit. www.mkg-hamburg.de

Wer Kinder hat, deren Essensvorlieben so vielfältig sind wie der Speiseplan eines Pandabären, dabei aber in Bezug auf erwartetes Tempo und Art der Zubereitung den Ansprüchen eines Sterne-Restaurants in nichts nachstehen, der freut sich über jede Rezept-Entdeckung, die Eltern wie Kindern zusagt und in nur 15 Minuten auf den Tisch zu bringen ist.

Unsere Tochter hat ihren Kinderarzt einmal sehr verblüfft, als sie auf dessen Frage nach ihrer Lieblingsspeise kurz und knapp antwortete: „Lachs und dann noch Spaghetti mit Kaviar." Weil die Kinder lange die Herkunft der merkwürdigen Dinger, die an den Spaghetti klebten, weit weniger interessierte als deren besonderes Design, heißt die Speise, die sich seit Jahren ungebrochener Beliebtheit erfreut, schlicht und ergreifend „Spaghetti mit Kügelchen".

Meine Frau hat das Rezept vor Jahren von einer Freundin aufgeschnappt, die es sich als duty-free-verwöhnte Stewardess zuweilen leisten kann, sogar echten Beluga-Kaviar zu verwenden. Wir hingegen erfreuen uns an Forellen-Keta-Kaviar – nicht zuletzt der rot-goldenen Farbe wegen. Nur matschig darf er nicht sein.

Wenn unsere Tochter bei ihrem Kinderarzt auch für Verblüffung gesorgt haben mag: Zu einem Gourmet ist sie bis zum heutigen Tag nicht geworden. Noch immer ist sie eine Art Spaghetti-Panda, der selbige bevorzugt „puro" isst, d. h. die Kügelchen im Wettstreit mit ihrer kleinen Schwester löffelweise aus dem Glas klaubt. Währenddessen erfreuen sich ihre Eltern am eigentlichen Gericht, dessen Herkunft wohl irgendwo zwischen östlichen Fischgründen, dem Pasta- und Design-Mutterland Bella Italia und kochtalentierten, weltverbindenden Stewardessen anzusiedeln ist.

SPAGHETTI MIT KÜGELCHEN

Zutaten:
Spaghetti (pro Person 100 g)
200 ml Sahne
1-2 EL Butter
200 ml Weißwein
1 Schalotte
1 Schuss Noilly Prat (Vermouth)
Schnittlauch
1 großes Glas Forellenkaviar
ca. 1 TL Salz
frisch gemahlenen Pfeffer

Pro Person 100 g Spaghetti in Salz und Öl wie üblich kochen. Für die Weißweinsauce 1 Schalotte würfeln und in 1-2 EL Butter glasig dünsten. Sahne mit Weißwein, ca. 1 TL Salz und einem Schuss Noilly Prat auf kleiner Flamme einkochen lassen und reichlich frisch gemahlenen Pfeffer darüber geben. Über die Nudeln auf dem Teller eine Portion Sauce geben und darauf 1 EL Forellenkaviar und schließlich darüber Schnittlauchröllchen streuen.

Nackte Nudel aus der FKK-Improvisationsküche

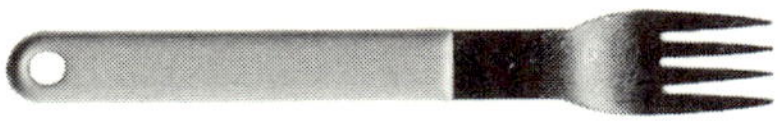

STEFAN HARM und **TOBIAS JOPP** (FKK) ziehen mit ihrem Label FKK im eigenen Geschäft am Schulterblatt an: Männer und Frauen, nach eigenen Entwürfen, mit eigenen Kollektionen und sehr eigenen Ideen zu dem, was tragbare, zeitgemäße Mode für jeden Tag ist oder vielmehr sein sollte.
www.fkk-fashion.com

Nach dem Motto „Schluss mit nackig" hat die FKK-Versuchsküche der nackten Nudel einen schicken Mantel verpasst. Einfach in der Zubereitung, raffiniert im Ergebnis, ist es bestens geeignet für ein Treffen der „kreativen Runde".

Vegetarier aufgepasst: Obwohl der Geschmack an die bekannten Spaghetti Bolognese erinnert, konnte auf Fleisch getrost verzichtet werden.

NACKTE SPAGHETTINI

Zutaten (für 4 Personen):
1 kg feuerrote, handgepflückte Tomaten
2 große Bündchen Petersilie, glatt geschnitten
1 gut sitzendes italienisches Weißbrot
5 Zehen aus reinem Knoblauch
viel seidiges Olivenöl
200 g feinster Parmesan

Die Tomaten in kleine Stücke schneiden. Die Petersilie grob hacken. Knoblauchzehen pellen und fein hacken. Vom Weißbrot die Kruste entfernen und es in kleine Würfel schneiden.
Eine Ofenauflaufform mit Olivenöl und einer zerteilten Knoblauchzehe ausreiben. Die Tomaten in die Auflaufform schichten, anschließend pfeffern und salzen und den Knoblauch verteilen. Die Petersilie und die Weißbrotwürfel nacheinander darüber schichten und das restliche Olivenöl über die Brotschicht gießen.
Parmesan fein reiben und großzügig verteilen.
Im vorgeheizten Backofen bei 200° auf der zweiten Einschubleiste 40 Minuten backen, bis die obere Brotschicht knusprig wird.
Spaghettini al dente kochen. Vor dem Servieren auf den Spaghettini die knusprige Oberschicht Weißbrot in der Form unterheben. Mit den Spaghettini vermischen.
Portionen anrichten und mit frisch geriebenem Parmesan und einem Petersilienzweig servieren.

Die südliche Inkarnation aus Pasta und Meer

JAN STÖRMER (Jan Störmer Architekten) Dem Architekten ist nichts zu schwer: Ob Büro- oder Verwaltungsgebäude, Hotel, Museum, Kino, Universität, Schule oder Kindertagesstätte – Jan Störmer plant und baut in und um Hamburg herum für die Bedürfnisse der sie benutzenden Menschen. www.stoermer-architekten.de

Die Lust auf dieses Lieblingsgericht ist durch so mancherlei Besonderheiten gewachsen. Ich habe meine Topfgerichte aus meiner Jugend schon lange abgewählt. Heute ist der Gaumen wählerischer, die Lust, Neues zu entdecken, ist groß. Als Mailänderin hat meine Frau den germanischen Gaumen verfeinert und neue Feinheiten des Schmeckens gelehrt. Gekocht habe ich immer gerne, am liebsten zu zweit.

Eine Reise nach Sizilien hat mich schon wieder wankend gestimmt bezüglich meiner Lieblingsvorspeise, die war: Carpaccio von roter Bete mit Öl und Kümmel, Pfeffer und Salz. Nicht nur, weil das neue noch einfacher herzustellen ist, vielmehr weil es, richtig zubereitet, die südliche Inkarnation aus Pasta und Meer schmecken lässt. Also nenne ich als primo piatto „Spaghetti ai ricci di mare" („Spaghetti mit Seeigel"). Dazu wünsche ich jedem den Geruch des Salzwassers, transportiert von dem warmen Wind des Mittelmeeres. Schade ist, dass es bei uns Seeigel kaum beim Fischhändler gibt.

Auch für das Hauptgericht bedarf es keines Kochbuchrezepts. Meiner Frau und mir gefällt das Improvisieren, allerdings mit einer deutlichen Vorstellung vom Ergebnis des Geschmacks und dem, was auf dem Teller zu sehen ist. Beide sind wir keine großen Fleischesser. Fisch lieben wir, aber es geht auch ohne.

Rezepte entstehen bei uns meistens auf dem Wochenmarkt, das Angebot bestimmt die Kochlust. Ich liebe es, im Wok oder in einer Auflaufform zu kochen. Die Zeit ist fast immer knapp, die Kochlust oft spontan, so wie das Einladen von guten Freunden zum Essen. Das servierte Essen soll gut schmecken, auch neugierige Fragen erzeugen. Aber eigentlich soll es die Grundlage für gute Gespräche sein und nicht allein im Vordergrund stehen. Die Dekoration auf dem Tisch muss anregen, z. B. die Jahreszeit wiedergeben. Der Tisch muss gedeckt sein, wenn die Gäste kommen, der Blick auf den Tisch soll Vorfreude aufs Essen hervorlocken. Das richtige Licht spielt eine große Rolle. Mein Hauptgericht ist vegetarisch.

Schneiden, Schälen, Putzen, Raspeln, Komprimieren, Würzen, Abstimmen usw. braucht wenige Worte, stellt aber eine große Gemeinsamkeit her. Ist alles im Topf, Pfanne oder Ofen, werden Holzbretter, Messer, Raspeln und Reiben, Teller, Schalen, Pfannen, Töpfe und Siebe schnell gesäubert: kein Chaos. Höchstens 6 bis 8 Personen sollten es sein, guter Wein, ob weiß oder rot. Guten Appetit!

SPAGHETTI AI RICCI DI MARE (SPAGHETTI MIT SEEIGEL) UND MELANZANE ALLA PARMIGIANA (AUBERGINEN-AUFLAUF)

Zutaten (für 4 Personen):

Primo Piatto:
Spaghetti ai ticci di mare
(Spaghetti mit Seeigel)
400-600 g Spaghetti
Olivenöl prima spremitura (erste Pressung)
1 Knoblauchzehe
1 Peperoncino
Seeigel (ca. 60 Stück)

In einem großen Topf mit viel gesalzenem, kochendem Wasser 400-600 g Spaghetti kochen. Al dente absieben. In einer Pfanne Olivenöl, eine halbierte Knoblauchzehe und ein zerstückeltes Peperoncino aufhitzen, so dass sich der Geschmack bildet.
Knoblauchzehe entfernen, die gekochten Spaghetti hinzufügen und gut umrühren.
Gartenhandschuhe anziehen und mit einer Schere die Seeigel querschneiden. Den Inhalt ablaufen lassen und die roten Eier mit dem Teelöffel auskratzen. Die heißen Spaghetti in eine Servierschüssel geben und die frischen Seeigeleier gut untermischen. Wenn die Spaghetti zu trocken sind, mit Olivenöl anreichern und sofort servieren.

Secondo piatto:
Melanzane alla Parmigiana
(Auberginen-Auflauf)
4 große Auberginen
3 Stück guten Mozzarella
1 Dose geschälte Tomaten
viel geriebener Parmesankäse
Salz und Pfeffer
viel frisches Basilikum

Die Hälfte der Auberginen abschälen, die andere Hälfte mit Schale in 1 cm dicke Scheiben schneiden, auf einen Teller legen und Auberginenscheiben beidseitig mit Salz bestreuen. (Es braucht längere Zeit, bis das herbschmeckende Wasser herausgezogen ist.)
Auberginenscheiben mit saugendem Papier abtrocknen. In einer Pfanne mit viel Olivenöl Auberginen kurz frittieren, bis sie weich sind. Auberginen wieder auf saugfähiges Papier legen, um auch das Öl aufzusaugen. Ofen auf 200° vorheizen. In eine feuerfeste Form in drei Schichten: Auberginen, Mozzarella, Basilikumblätter, Tomaten mit Sauce, Parmesankäse, mit Salz und etwas Pfeffer würzen. Zuletzt großzügig Parmesankäse streuen und zugedeckt mit Alu-Folie im Ofen 35 Minuten garen lassen. Dann Alu-Folie entfernen und noch einmal 10 Minuten mit 200° Oberhitze backen, bis sich eine leicht bräunliche Kruste bildet. Sofort servieren.

Im Leben gibt es nur zwei wichtige Dinge: Essen und Lieben

TOM LEIFER und **UWE MELICHAR** (Factor Design) Arbeit heißt Zusammenarbeit. Das beweisen Tom Leifer und Uwe Melichar, wenn sie nicht gerade gemeinsam kochen, im Job gemeinsam mit ihren beiden Partnern Johannes Erler und Olaf Stein – zum Beispiel bei der Gestaltung dieses Buches. Für ihre Kunden, ob Traditionsunternehmen, Verlag oder Unternehmen der Konsumgüterindustrie, entwickeln sie Corporate Design und Corporate Identity-Strategien. www.factordesign.com

Ein Hinterhof im Hamburger Schanzenviertel. Hohe Räume, Atelierfenster, ein Haufen Schreibtische und G4-Rechenwunder. Vorne gleich links: Die Küche des Büros. Eine lange Tafel, ein küchenutensilienübersäter Tresen, zwei Männer mit Schürzen vor dem Bauch und Schweißperlen auf der Stirn. Es ist Viertel vor eins.

Uwe: Gemeinhin heißt es ja, der Italiener sei entspannt und allenfalls mäßig ehrgeizig. Du aber schnibbelst nun schon seit fast vier Stunden an deinem „Toskanischen Brotsalat".

Tom: Tja, der Italiener an sich häckselt aber auch eher für seine Kleinfamilie und nicht – wie ich – für zehn hungrige Grafikdesigner. Aber du wirst sehen: das Ergebnis rechtfertigt jeden Schweißtropfen. Ann, meine Frau, hat damit schon diverse Dinnerrunden bei uns daheim um Kopf und Kragen bekocht.

Uwe: Und woher hast du diese gigantische Kresse? Wächst die irgendwo neben einem Atomkraftwerk?

Tom: Vom Isemarkt. Auf dem Turmweg-Markt gab's nur die herkömmliche kleinblättrige, für meinen Brotsalat benötige ich aber unbedingt Brunnenkresse mit großen Blättern. Also bin ich schnell noch mal ins Herz Eppendorfs geradelt. Beim Kochen sind gute Zutaten und zuverlässige Bezugsquellen schon mal die halbe Miete.

Uwe: So viel, wie man da falsch machen kann, kann man nachher gar nicht mehr richtig machen. Das Kalbfleisch für meine Scaloppine al Marsala beispielsweise muss definitiv zart, sehnenfrei und fein geschnitten daherkommen. Ohne das ist alles nichts, und weil das so ist, vertraue ich ausschließlich meinem guten alten Schlachter aus der Sillemstraße. Die Marsalasauce kommt dann als i-Tüpfelchen obendrauf. Müsste übrigens gleich fertig sein. Mal probieren?

Tom: Mmmmh ... Reichlich süß, aber gut.

Uwe: Den Marsala hat mir eine Freundin aus Italien mitgebracht – ein Dessertwein, der in Deutschland noch viel zu wenig bekannt ist. Deshalb habe ich auch das Rezept gewählt.

Tom: Ebenfalls ein italienisches Mitbringsel?

Uwe: Nein, stammt aus „Die Große Schule des Kochens", einem Standardwerk, durch das ich mich bereits halb durchgekocht habe. Kann ich übrigens nur schwer empfehlen. Du lernst dabei eine Menge über richtiges Blanchieren, Dünsten, Braten. Du erfährst, wie man Artischocken korrekt entblättert, Spargel schonend kocht und ein Cordon bleu so zubereitet, dass es nicht schmeckt wie ein Jiffy-Umschlag mit einer Füllung aus geschmolzenen Scheibletten.

Tom: Was dort aber nicht drinsteht: dass das Kochen für mehr als vier Leute echte Schweißarbeit bedeutet.

Uwe: Stimmt. Ich weiß gar nicht, wie die Kelly-Family das jeden Tag hinkriegt.

Tom: Und wir konnten nicht wissen, dass sich gleich zehn Kollegen für unser Essen anmelden würden ...

Uwe: ... darunter drei Vegetarierinnen – haben die eigentlich keine Ahnung, was Scaloppine sind?

Tom: ... und was sie versäumen, wenn sie die Hälfte unseres Menüs verschmähen?

Uwe: Die sollten mal auf Carlo Petrini hören. Der hat gesagt: „Im Leben gibt es nur zwei wichtige Dinge – Essen und Lieben. Wenn eines von beiden verschwindet, verschwindet die Menschheit." Und Petrini muss es wissen. Er ist Präsident des Genießerclubs „Slow Food" und mindestens zwei Zentner schwer.

Tom: Recht hat der Mann. Wenn nur das Kochen vor dem Essen nicht so aufwändig wäre. Ich gehe eigentlich lieber gut essen.

Uwe: Wo?

Tom: Vienna, Nil, Osteria Due – die üblichen Verdächtigen.

Uwe: Und, natürlich, das COX. Erinnerst du dich an unseren Betriebsausflug auf dem Ijsselmeer?

Tom: Mit Mathias, dem „COX"-Koch, als unserem Smutje? Klar, wie könnte ich das je vergessen! Der Mann muss beim nächsten Mal unbedingt wieder mit.

Uwe: Dein Lieblingsgericht?

Tom: Leberknödel mit Sauerkraut und Kartoffelpüree. Die gibt's allerdings in keinem Restaurant. Nur Muttern macht sie so, wie sie sein müssen.

Uwe: Ich liebe Trüffel. Und Pommes frites.

Tom: ... dürfte schwierig sein, einen Koch zu finden, der dir beides gemeinsam serviert.

Uwe: Wohl wahr, und ich habe auch absolut nichts gegen gehobene Gastronomie einzuwenden. Hätte ich übrigens auch beruflich nicht. Stell dir vor, wir würden mal das Corporate Design eines Spitzenrestaurants gestalten – jede Arbeitsbesprechung würde mit einem Drei-Gänge-Menü beginnen!

Tom: Oder ein Weingut, und wir sind bei allen Verkostungen dabei, hätten immer ein paar gute Flaschen im Konfi vorrätig und auf jeder klebte ein von uns entworfenes Label ...

Uwe: Apropos: Was gibt's zu trinken?

Tom: Einen 1998er Château de Jaubertie, den ich bei „Wein & Boules" in der Schanzenstraße geschossen habe. Ein sehr trockener Franzose aus Bergerac. Wird von einem Engländer gemacht: Der Vater war Knopffabrikant, der Sohn ist ein begnadeter Önologe. Zu deiner klebrigen Marsalasauce dürfte sein 1998er einen interessanten Gegensatz abgeben.

Uwe: Wieso klebrig? Die muss so sein.

Tom: Marsala als der Technicoll Süditaliens? Na gut, wenn es denn seine Richtigkeit hat ... Aber jetzt deck den Tisch. Die Kollegen haben Hunger.

TOSKANISCHER BROTSALAT UND SCALOPPINE AL MARSALA

Zutaten:

Toskanischen Brotsalat

(für 4-6 Personen):
1 frisches Weißbrot
2 Bund Staudensellerie mit möglichst viel Grün
1 Bund Frühlingszwiebeln
1 Bund Wasserkresse
1 Bund glatte Petersilie
1 Bund Dill
1 Bund Thymian
2-3 rote/gelbe Paprikaschoten
1 TL Rosmarin
1 TL Majoran
Ahornsirup
Salz und Pfeffer aus der Mühle
Olivenöl
Weißer Balsamico-Essig

1. Weißbrot entrinden und in kleine Stücke schneiden. Staudensellerie und Frühlingszwiebeln in Scheiben schneiden. Blättchen von Wasserkresse, Petersilie, Dill, Thymian abzupfen. Hälfte des Thymians beiseite legen. Paprikaschoten putzen und fein würfeln.
2. Brot, Rosmarin, Majoran und Hälfte des Thymians mit Ahornsirup, Salz und Pfeffer in Öl anbraten, bis das Brot leicht kross ist. Aus der Pfanne heben, mit etwas Balsamico-Essig besprühen. Eine Stunde zugedeckt ziehen lassen.
3. Gemüse und Kräuter in eine Schüssel geben. Dressing drüber, durchmischen. Zum Schluss Brotwürfel darüber geben.

Scaloppine al Marsala (Kleine Kalbsschnitzel mit Marsala)

4 EL Öl
8 kleine dünne Kalbsschnitzel
1/4 l Marsala
Salz
frisch gemahlener schwarzer Pfeffer
Saft einer Zitrone
2 EL Butter

Öl in einer großen Pfanne erhitzen. Schnitzel bei höchster Temperatur 2 bis 3 Minuten von beiden Seiten goldbraun braten. Nach dem Braten mit Salz und Pfeffer würzen, aus der Pfanne nehmen und warm halten. Von dem Bratenfond und dem Marsala wird eine Sauce zubreitet. Öl abgießen, Marsala in die heiße Pfanne geben, aufkochen und unter Rühren etwas einkochen, dabei den Bratensatz vom Boden lösen. Den Zitronensaft unterrühren. Mit etwas Salz und Pfeffer abschmecken. Butter mit dem Schneebesen unter die Sauce rühren. Die Sauce über die Schnitzel geben.

Guten Appetit, Gruß und Kuss!

F.C. GUNDLACH's Leben ist die Fotografie: Er gilt als Doyen der deutschen Modefoto-grafie, ist Begründer der Triennale der Photographie Hamburg und bedeutender Sammler fotografischer Arbeiten, für deren Erhalt und öffentliche Zugänglichkeit er eine Stiftung gründete. Ab Sommer 2003 wird der engagierte Protagonist des fotografischen Bildes die Deichtorhallen Hamburg leiten. www.fcgundlach.de

Zwar liebe ich die französische Küche wegen ihrer Raffinesse, aber die italienische Küche scheint mir die ehrlichere zu sein. So kann man mit erstklassigen Produkten, die es heute auch in Deutschland zu kaufen gibt, leicht eine Vorspeise zubereiten wie Tomaten mit Basilikum und Mozzarella (Basilikum im Topf zu Hause gezogen, Mozzarella möglichst frisch). Dabei muss man nicht die Meinung mancher italienischer Gourmets teilen, dass der Mozzarella nur bis zum Mittag des Tages seiner Zubereitung als frisch gilt. Darüber gibt man ein gutes, kalt gepresstes Olivenöl und einen kleinen Schuss Balsamico-Essig.

Als Hauptgericht empfehle ich Involtini, kleine Kalbsscaloppine, dünn geschnitten, noch einmal geklopft, leicht salzen und mit Olivenöl einstreichen; darauf Salbeiblätter verteilen und darüber eine Scheibe Parmaschinken ohne jedes Fett. Zusammenrollen, Spieß durchstecken, kräftig anbraten und etwa 20 Minuten ziehen lassen. Den Saucenfond mit einem Sherry oder einem lieblichen Weißwein ablöschen und einkochen. Dazu Pappardelle. Köstlich! Man kann das Ganze noch verfeinern, indem man kleine feine Prinzess-Böhnchen nimmt, sie pochiert, mit dem Parma-Schinken umwickelt und die Involtini damit füllt.

Und als Nachspeise Avocadocreme, ein Rezept aus Brasilien: Ein oder zwei Avocados, nicht zu reif und zu fest; das Fleisch herausschälen; in den Mixer geben, dann den Saft von Limonen (bei 2 Avocados 4–5 Limonen, etwas Schale ebenfalls abraspeln), Vanillezucker hinzugeben (die Brasilianer nehmen meistens Puderzucker), dann kräftig durchmixen, bis die Masse breiig ist. Ein Schuss Gin kann der Sache nicht schaden. In Gläser füllen und in den Eisschrank stellen, damit die Creme schön kalt serviert werden kann. Die Avocadocreme kann man auch auf dem Teller servieren: In der Mitte eine Kugel Vanilleeis und die Avocadocreme darüber geben. Dazu einen Rotwein. Es muss kein Brunello di Moltarcino sein, ein Chianti Classico, ein Riserva 96 oder schließlich ein 99er Montepulciano d'Abruzzo für 1,79 Euro von Aldi tut es auch.

CAPRESE, KALBSSCALOPPINE, AVOCADOCREME

Zutaten:

Caprese
ca. 6 Tomaten
1 Mozzarella
kalt gepresstes Olivenöl
evtl. 1 Schuss Balsamico-Essig

Kalbsscaloppine
Kalbsschnitzel, vom Metzger sehr dünn geschnitten
pro Schnitzel 1 Scheibe Parmaschinken
Salbeiblätter, Salz und Olivenöl
1 Schuss Sherry oder Weißwein

Avocadocreme
2 Avocados
Saft von 4-5 Limonen
Vanillezucker nach Geschmack
1 Schuss Gin (Gordon's)

Aus Italien, dem sinnlichen Schlaraffenland des Erwachsenendaseins

VOLKER GRESSMANN Natürlich fotografiert der Fotograf Volker Greßmann: Von Klassenräumen für Schulbuchumschläge über CD-Cover und Köstlichkeiten regionaler Produktion bis zu Designern, Freunden der Szene, Gästen und Gönnern für dieses Buch. Darüber hinaus aber könnte der Weinkenner und Gourmet auch wunderbarer Gastgeber eines Weinguts mit angeschlossener Spezialitäten-Küche in Piemont sein …

Hamburg, verschiedene Grautöne am Himmel, durchsetzt mit lang anhaltendem Nieselregen und böigen Regenschauern. Arbeitsfrust und Urlaubslust machen sich breit. Meine Gedanken gehen spazieren.

Italien, das Land der sinnlichsten Erlebnisse. Italien, das Land der Schlupfkrapfen, Krauttirteln, Leberknödeln und geschmorten Innereien, Italien, das Land des Risotto und der Polenta, Italien. das Land des Russischen Salats, der Kichererbsensuppe und des Käseflans. Italien, das Schlaraffenland des Erwachsenendaseins.

Mit den Füßen auf dem Schreibtisch tagträume ich weiter von Erlebtem und noch zu Erlebendem. Ich erinnere mich an den atemberaubenden Blick vom Kerschbaumerhof, dem Zuhause der Trentiner Winzerin Elisabetha F., auf die Brenta. Ich erinnere mich an die Pfauen, die im Garten ein Rad schlugen, an Myrtha, die Jüngste im Hause, die mit ihren vier Jahren in der Küche unermüdlich einen Nagel nach dem anderen in einen großen Holzstamm trieb, währenddessen Elisabetha versuchte, mir Grundkenntnisse über Weinbautechnik, Reberziehung, über Pergeln und Guyout und ich weiß nicht, was noch alles, beizubringen.

Im Hintergrund simmert die Polenta, Steinpilze werden gegrillt und wir versuchen uns durch verschiedene Jahrgänge ihres inzwischen hoch angesehenen Teroldegos. Die Pilze als Vorspeise sind aufgegessen. Zu den schmurgelnden Innereien mit der Polenta soll es das Flaggschiff des Weingutes geben, nämlich Granato. Tiefdunkel, fast lilafarben, fließt der Stoff ins Glas und zieht dabei große romanische Bögen.

Telefongeklingel unterbricht die Träumerei. Henning, ein Freund und begeisterter Koch, fragt nach der Uhrzeit des Abendessens und ob Freisa oder ein einfacher Nebiolo zum Piemont-Themenabend genehm wären. Gott sei Dank, Italien kann auch in Hamburg stattfinden! Hierfür ein paar Anregungen:

RATATOUILLESPIESSCHEN

Zutaten:
je 1 Hand voll Auberginen, Paprika (vielleicht rot und gelb), Zucchini und Tomaten
mehrere frische Zweige Rosmarin
Olivenöl, Salz und Pfeffer

Auberginen, Paprika, Zucchini und Tomaten in etwa zwei Quadratzentimeter große Stücke schneiden. Alles, je nach Garzeit, in Olivenöl anschwitzen, aber darauf achten, dass die Gemüse äußerst knackig bleiben. Alles pfeffern und salzen. Wenn der Spieß als Gemüsebeilage dienen soll, kommt jetzt der Einsatz des Bastelwastels: Je nach Lust und Laune die Gemüse als Turm möglichst bunt

aufeinander schichten und mit dem leicht gespitzten Rosmarinstab das mühsam aufgeschichtete Werk pfählen.
Dient das Spießchen als Vorspeise, so kann man eine Scheibe jungen Ziegenkäse einbauen oder etwas Fisch dazwischen legen und eine Safranvelote dazugeben. Das Schöne an diesem Spieß ist die Möglichkeit, ihn vorzubereiten und völlig ohne Stress, mit etwas Öl bepinselt, im Ofen kurz zu Ende zu garen.
Bei einem Piemont-Themenabend dient er aber höchstwahrscheinlich als Gemüsebeilage zu langsam geschmortem Zicklein mit Polenta, oder einem dicken Oldenburger Zitronenhuhn, oder was sonst bei einem Marktbesuch, vor Regen geschützt in der Isestraße, mich anlacht.

Venedig – Vergangenheit in sanfter Schönheit

PETER PRELLER (Peter Preller Interior Design) Der Innenarchitekt und gelernte Tischler Peter Preller richtet Wohnungen, Häuser, Geschäfte und Showrooms ein – häufig mit handgefertigten Möbeln eigener Entwürfe, immer in sehr individuellen Kombinationen alter und neuer Materialien. www.peterpreller.de

Zu meinen Füßen liegt Louis, die kleine französische Bulldogge – für mich ein liebenswerter Kompagnon. Es ist Mittag, wir beide spazieren an der Alster. Irgendwie essen gehen …? denke ich. Nein, ich werde meine kleine „Crew“ anrufen. Rendezvous 19.00 Uhr, würde ich sagen. Italienisch werde ich kochen. Leicht, unkompliziert, improvisiert – das liegt mir.

Wie wäre es mit „Harry's Bar“-Rezept der Cipriani in Venedig? „Fegato alla Veneziana“, das lässt sich hier auch kochen. Da kommen mir herrliche Erinnerungen in den Sinn: Venedig im Herbst, leichtes Grau liegt über der Lagunenstadt, sonnengebleichte Fassaden der Palazzi. Auf den Kanälen keine singenden Gondolieri, statt Touristen werden Gemüse und Obst und überhaupt alles transportiert.

19 Uhr. Ich höre Olga auf dem Kiesweg trippeln. Ich erwarte sie oben an der weißen Marmortreppe, große Begrüßung. Das Koch- und Essvergnügen ist für sie eine Wonne. Sie, die Engagierte, hat nie Zeit dafür. „Diät? Nein, ich lebe gesund, das genügt.“

„Möchtest du ein Glas trockenen Riesling von M. Grünhauser oder einen trockenen Rosé? Die passen zum sommerlichen Wetter und zu meinem italienischen Essen.“ Wir bewegen uns von der kühlen Halle in den Salon. Die Abendsonne wirft weiches Licht durch die pastellfarbenen Seidenvorhänge. Der Raum ist wie ein Bühnenbild zu Mozarts Opern.

Ursula erscheint, gerade aus Nizza zurück, beschwingt und heiter. Sie bringt den Duft des Südens mit. Auf einem Bastgeflecht liegen Bündel von Lavendelblüten, Thymian, Lorbeer, Rosmarin – Düfte durchziehen den Raum. Von ihren Bauern in den Hügeln von Nizza bringt sie Olivenöl – nach uraltem Verfahren gepresst –, dazu die saftigen Zitronen, Orangen und schwarzen Oliven und den Ziegenkäse im Gazetuch – alles naturbelassen.

Mathias, der Vierte der Crew, ist eingetroffen. Bringt das Eingekaufte in die Küche. Ich höre ihn kramen. Er, der aufmerksame Freund, sorgt für Ordnung in der Küche, auch hinterher.

„Ein Glas trockenen Rosé?" „Nein, lieber ein Glas Wasser aus der Leitung, gekühlt im Frigidaire." Mathias bindet mir die Küchenschürze um. „Du bist heute der Maître, ich dein Assistent."

Peter, jetzt in der Küche, wirft noch einmal einen Blick aufs Rezept und konzentriert sich. Mathias achtet auf die Polenta-Zubereitung. Olga und Ursula, beide Opernfreunde, hören gerade Arien, gesungen von Roberto Algana und seiner Frau Angela Gheorghui. Hier in diesen hohen Räumen, mit bester Technik ausgestattet, genießen sie die hervorragende Akustik, schwingend.

Mit dem Rosé in der Hand schlendern sie in die Küche. Es duftet schon vorzüglich. „Ist diese Küche ideal für dich?" fragt Ursula. „Nein, ganz gewiss nicht. Ich stelle mir eine große Küche vor, mit sinnvollem Design und neuester Technik. Mit so viel Platz, dass man hier Freunde um sich haben kann und am großen Tisch sitzt."

Mein „Fegato alla Veneziana" ist fertig. Mathias serviert im Salon. Er ist sehr geschickt, reicht allen die großen gestärkten Leinenservietten, das Fegato wird auf weißen KPM-Tellern gereicht und das Jensen-Besteck fühlt sich in unseren Händen gut an. Ich reiche die Bacaratgläser mit dem Rosé. Hintergrundmusik: „Best of Lounge"-Musik, nicht zu laut. Später reiche ich Vanille-Eis mit weißen Pfirsichstückchen aus Frankreich.

Sollen wir nach Venedig reisen, uns die Genüsse in „Harry's Bar", bei den berühmten Ciprianis, wohltun lassen ...?

FEGATO ALLA VENEZIANA (KALBSLEBER AUF VENEZIANISCHE ART)

Zutaten (für 6 Personen):
900 g Kalbsleber
100 ml Olivenöl
45 g Butter
3 große Zwiebeln, in dünne Ringe geschnitten
3 EL fein geschnittene, glattblättrige Petersilie
Salz und frisch gemahlener Pfeffer

Die Leber vom Metzger häuten und in sehr dünne Scheiben schneiden lassen. Etwa 4 EL Öl in einer großen Pfanne auf mittlerer Flamme erhitzen. Die in dünne Ringe geschnittenen Zwiebeln einstreuen, auf mittlerer Flamme erhitzen und unter häufigem Rühren langsam in etwa 25 Minuten hellbraun und weich dünsten. Die Zwiebelringe mit einem Sieblöffel aus der Pfanne nehmen und warm halten.
Die Hitze verstärken und das restliche Öl in die Pfanne geben. Die Leber in das heiße Öl legen und höchstens 5 Minuten sautieren, bis sie das rohe Aussehen verloren hat und anfängt, kross zu werden. Anschließend mit einer Prise Salz und frisch gemahlenem Pfeffer würzen und die Zwiebelringe zurück in die Pfanne geben. Die Leber mit den Zwiebelringen vermischen und noch etwa 2 Minuten schmoren lassen. Auf eine vorgewärmte Servierplatte geben.
Anschließend die Butter in der Pfanne schmelzen und dabei mit einem Holzlöffel den Bratensatz vom Pfannenboden lösen. Abseits vom Herd die fein geschnittene Petersilie einrühren. Die Petersilienbutter auf die Leber gießen. Sofort mit der Polenta servieren.

Aus dem Hang zum Perfektionismus entsteht recht Geschmackvolles

PETER MALY (Peter Maly Design) „Understatement war schon immer eine hanseatische Tugend", die der Möbel-, Produktdesigner und Innenarchitekt Peter Maly auch im Design schätzt. Seine Liebe zu geometrisch geprägten Formen, sein Streben nach Klarheit, Funktionalität und Langlebigkeit haben viele seiner Stühle, Tische, Betten, Leuchten oder Sofas längst zu modernen Klassikern werden lassen. www.peter-maly.de

Kochen – das ist für mich eine Tätigkeit, die ich gar nicht so häufig ausübe, denn in diesem Teil des Kreativ-Bereichs ist mir die Stylistin Gisela Maly, meine Frau, deutlich überlegen. Sie jongliert äußerst genial mit exotischen Saucen, Gewürzen und Zutaten und entwickelt daraus ihre sehr persönlichen Kreationen. Im Gegensatz dazu halte ich mich – da keineswegs meiner so sicher – lieber an bewährte Rezepte mit möglichst exakten Angaben über Mengen und Zutaten – und die jeweiligen Garzeiten. Dass dabei dann dennoch recht Ordentliches entsteht, schreibe ich einer mir von vielen bestätigten Eigenschaft zu: dem Hang zum Perfektionismus.

Mein Rezeptvorschlag ist von mir schon mehrfach mit Erfolg realisiert worden, wobei ich mir leider jedes Mal die Finger an der glühendheißen Kasserolle verbrannt habe. Also bitte Vorsicht – und viel Geduld, weil erst die lange Garzeit den Geschmack bringt!

Dieses süditalienische Gericht wurde von Schäfern aus der Basilikata erfunden, die alles, was ihnen die Natur zur Verfügung stellt, zusammengefügen: Lammfleisch, Wein, Wacholderbeeren, Kartoffeln, Rosmarin, Knoblauch...

WÜRZIGE LAMMKASSEROLLE

Zutaten (für 4 Personen):
3 EL Olivenöl
1,25 kg Lammkeule oder -schulter, in 4 cm-Würfel geschnitten
1 kleine Zwiebel, fein gehackt
1 Stangensellerie, fein gehackt
3 Knoblauchzehen, zerdrückt
125 ml trockener Marsala
2 Peperoncini
1 EL Wacholderbeeren, zerdrückt
2 EL Tomatenmark
250 ml Hühnerbrühe
1 Rosmarinzweig
12 kleine Perlzwiebeln
2 Kartoffeln, gewürfelt
2 EL fein gehackte Petersilie

Den Backofen auf 180° vorheizen. Das Olivenöl in einer großen Kasserolle erhitzen. Das Lamm portionsweise, mit Salz und Pfeffer gewürzt, bei starker Hitze leicht anbraten. Die Kasserolle darf nicht zu voll sein. Nach dem Anbraten die Portionen jeweils wieder aus der Kasserolle herausnehmen. Anschließend Zwiebeln, Sellerie und Knoblauch bei reduzierter Hitze 4-5 Minuten weich dünsten. Das Lammfleisch wieder in die Kasserolle geben. Mit Marsala begießen. Bei starker Hitze kochen, bis der Marsala dunkelbraun und um die Hälfte eingekocht ist. Die Peperoncini und die Wacholderbeeren untermischen. Unter Rühren 10-15 Sekunden aufkochen. Tomatenmark, Hühnerbrühe, Rosmarin und ausreichend Wasser zugeben, so dass alles bedeckt ist. Den Deckel auflegen. 45 Minuten im Ofen backen. Die Perlzwiebeln und Kartoffeln zugeben und weitere 45 Minuten garen. Vor dem Servieren die Petersilie unterrühren.

Bananenetikette

HADI TEHERANI (BRT Architekten – Bothe Richter Teherani) Von ABC bis Doppel-X: Architekturbegeisterte assoziieren damit die schnell berühmt gewordenen Hamburger Gebäude des im Iran geborenen und seit vielen Jahren in der Hansestadt lebenden Architekten Hadi Teherani. Großprojekte wie Verkehrs-, Büro- und Gewerbebauten sind die Spezialität des international renommierten Meisters ästhetisch und technologisch innovativer Glas- und Stahlkonstruktionen. www.brt.de

Ich liebe Bananen! Sie sind immer in Form, immer in Schale. Seit jeher gehören sie zu meinen Grundnahrungsmitteln. Sie sind äußerst wohlschmeckend, haben einen hohen Nährwert, viele Mineralstoffe und Spurenelemente. Bereits im Altertum wurden sie als „Frucht der Weisen“ verehrt. Sie sind ergonomisch optimal geformt und haben eine naturgegebene hygienische Verpackung.

Unmittelbar vor dem Verzehr muss die Banane geschält werden. Dazu pflege ich sie an ihrem gebogenen Stiel in die Hand zu nehmen, um ihre Schale vom Blütenansatz her zu öffnen – zugegeben, eine noch nicht weit verbreitete Methode, für mich jedoch die sinnfälligste! Vielleicht versuchen Sie es ja auch einmal auf diese Weise? Neben meinem Faible für Bananensnacks habe ich eine große Schwäche für traditionelle persische Kost, die ich zwar leider nicht selbst zubereiten kann, mit der ich aber manchmal zu Hause verwöhnt werde. Folgend eines meiner Lieblingsgerichte:

KHORESCHTE FESSENDJUN

Zutaten:
1 Ente oder 1 Fasan oder 1 Huhn (statt Geflügel, selten auch zusätzlich: kleine Hackfleischklöße aus 500 g Gehacktem verwenden)
2 große Zwiebeln
400 g Walnüsse (maghz-e-gerdu)
Granatapfelsaft (ab-e-anar) oder Granatapfelsirup (rob-e-anar)
evtl. Zitronensaft, Tomatenmark und/oder Zucker

Das Geflügel in Salzwasser mit einer Zwiebel gar kochen und dann in etwa 8 Stücke zerteilen. Falls Klößchen verwendet werden, diese gesalzen und mit geriebener Zwiebel vermischt kurz anbraten. Eine große Zwiebel reiben, goldgelb für sich in einem Schmortopf anbraten. Die Walnüsse fein mahlen, zu der Zwiebel geben, unter ständigem Rühren kurz mitbraten. Mit heißem Wasser oder entfetteter Geflügelbrühe ablöschen. Das Geflügelfleisch und/oder die Hackfleischklößchen und den Granatapfelsaft oder Granatapfelsirup dazugeben. Auf sehr kleiner Flamme etwa 15 Minuten garziehen lassen. Eventuell Zitronensaft, Tomatenmark und/oder Zucker zum Abschmecken verwenden (süß-sauer). Das Gericht muss eine braune Farbe haben.
Abwandlung: Khoreschte fessendjun wird gestreckt und gleichzeitig bekömmlicher, wenn man angebratenen gelben Kürbis oder angebratene Quitten (jeweils in Würfel geschnitten) bzw. angebratene Auberginen mitgart. Dazu benötigt man ca. 1 kg gelben Kürbis (kedu halwa'l) oder 1 kg Quitten oder 1 kg Auberginen.

Das Anti-Kalorienzähl-Programm aus Sibirien

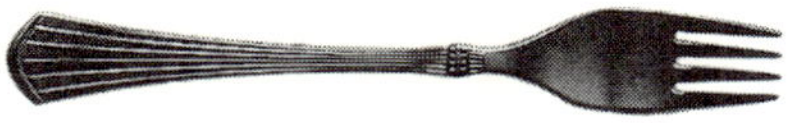

ANDREAS HELLER (Studio Andreas Heller) Das interdisziplinäre Team von Andreas Heller besteht aus Designern, Architekten und Innenarchitekten. Sie beraten, planen und realisieren nationale und internationale Museen, Freizeiteinrichtungen sowie Ausstellungen für Unternehmen und Institutionen. www.studio-andreas-heller.de

Ein- oder auch zweimal im Jahr läuft in meiner Familie das „Anti-Kalorienzähl-Programm" ab. Vier Generationen treffen sich zum Peljmeni-Essen. Berge von Teig und Hack werden produziert. Nach jedem Gang mit Wodka „abgelöscht". So ist dieses Essen, ein Armeleute-Essen aus Russland, willkommener Anlass, die Familie an einen Tisch zu bekommen. Kein Essen mit Schnick-Schnack. Und am besten ist es draußen minus 20 Grad kalt.

Übrigens: Die Peljmeni schmecken besser, wenn man sie vorher einmal einfriert, wie die russischen Frauen in Sibirien das machen. Sie stellen zu Beginn des Winters Massen von Peljmeni her, um sie dann in einem Sack draußen in dem Dauerfrost einzufrieren und, über den ganzen Winter verteilt, wieder aufzutauen und zu essen.

PELJMENI

Zutaten (für 60-70 Stück, für ca. 4 Personen):

Für den Teig:
450 g Weizenmehl
2 Eier
Salz
etwas warmes Wasser

Für die Füllung:
500 g gemischtes Hack (eigentlich nur Schweinehack)
Zwiebeln
1-2 EL Wasser
Salz und Pfeffer

Und:
Schmand
geriebener würziger Käse (mittelalter Gouda)
braune Butter zum Begießen

Die Teigzutaten mischen und kneten. Den Teig so dünn wie möglich ausrollen und mit einem Glas ausstechen. Mit etwas Fleischfüllung belegen, die Ränder mit etwas Wasser bestreichen, zu Halbmonden zusammenklappen, Ränder zusammendrücken und zu „Schweineöhrchen" formen.

Die Peljmeni werden in reichlich kochendes Salzwasser gegeben (nicht zu viele auf einmal) und auf kleiner Flamme in ca. 10-20 Minuten gar gekocht (zwischendurch probieren).
In eine vorgewärmte Schüssel geben und mit der heißen Butter übergießen. Einen Esslöffel Schmand auf ca. 7 Stück Peljmeni geben und geriebenen Käse dazu reichen.
Es empfehlen sich als Getränke Wasser und Wodka.

Aufgeklärte Männer wissen: Ein nett zubereitetes Mahl ist der Schlüssel zu einem erotisch-sinnlichen Gourmet-Finale

GÜNTHER VAN RAVENZWAAY (ifp Institut für Marken-, Packungs- und Corporate Design), u. a. gelernter Landwirt, ist Geschäftsführer des Designbüros ifp, das strategische Markt-, Marken- und Zielgruppenkonzepte entwickelt. www.ifp-design.de

Erste prägende Eindrücke verschaffte mir mein Kochschürzen tragender, Kochlöffel schwingender, Sonntagsessen bereitender Vater. Das war eindeutig leckerer als das wöchentliche Allerlei meiner nicht gerade begnadet kochenden Mutter. Es sei ihr verziehen, die holländische Küche gibt nun mal nicht viel her (meine Mutter ist ein ‚echt Amsterdams meisje'). Kindliches Learning in dieser Lebensphase: Kochen kann mehr sein als Essen zubereiten.

Danach ging es Schlag auf Schlag. Nach meinem Auszug, gerade mal 17, und Einzug in eine der ersten Kommunen unserer Stadt, war selber kochen angesagt. Und dies, wie man bereits ahnen kann, auf Basis eines äußerst schmalen Haushaltsbudgets. Einfach musste es sein, billig musste es sein, aber zumindest in ‚Spitzen' auch mal wohlschmeckend. Dies konnte nur mit einem gesteigerten Maß an Kreativität unter Einsatz einfachster Mittel gelingen. Damit war die Rollenverteilung in dieser Frage schnell geklärt – und zugegebenermaßen nicht ohne Eigeninteresse. Kleiner erster Nebeneffekt am Rande: Beim Buhlen um die Gunst der Kommunardinnen (Amendt's ‚Sexfront' lässt grüßen) verschaffte mir diese erste zarte Pflanze an Könnerschaft durchaus von Zeit zu Zeit einen kleinen Vorsprung in der Einschätzung meiner Attraktivität.

Aber wir wollen nicht abschweifen. Nach Abschluss des Zivildienstes (Aufgabe u. a. die Ausgabe durchweg schrecklichen Jugendherbergsessens, Einstandspreis wohl durchweg unter 50 Pfennig pro Portion, auf Teller geklatscht) begann die Suche nach dem Ich. Selbsterfahrung, eine nicht enden wollende, weiter um sich greifende Zeiterscheinung, war also angesagt und führte mich durch eine Vielzahl spiritueller Welten. Von A wie Anthroposophie, über B wie Baghwan, S wie Siddharta oder Sufi bis Z wie Zen oder Zarathustra: zu guter Letzt endend im Schoß der Mutter Erde. Ich bin Bauer geworden. Also Erzeuger all dieser lukullischen Wunder der Natur.

Über das Wissen der Erzeugung, der Veredelung und damit der Qualität von Produkten steigert sich in gleichem Maße auch die Schulung der Sinne. Frisch geerntetes Gemüse ohne Unterstützung von Kunstdünger und Giften, Milch und Fleisch von glücklichen Tieren – getrieben von dem Anspruch, echte Premium-Produkte zu produzieren –, ich sage dir, das ist nicht zu toppen. Hier kann man getrost auf Glutamat (= Geschmacksverstärker) oder andere neckische Zusätze verzichten. Dies alles regt die Freude am Zubereiten enorm an. Mein hier entstandenes Credo gilt bis heute: Kombiniere wenige einfache Zutaten mit hohem Eigengeschmack und würze mit Raffinesse – und fertig ist die Cuisine naturel. Dafür lieber ordentliche Portionen statt Ikebana auf dem Teller.

Dies ist im Übrigen einer der Gründe dafür, warum ich im seltensten Falle nach Rezept koche. Kochbücher inspirieren mich, aber die Entscheidung fällt beim Gang über den Wochenmarkt. Das Angebot der Markthändler und Biobauern, die gerne und immer öfter meine Anregungen aufgreifen und ihr Angebot um die eine oder andere schmackhafte Spezialität erweitern, ist der Maßstab. Mit dem Erfolg, dass, wie die Bienen den Nektar, andere Feinschmecker denselben Ort vermehrt ansteuern. Der Händler oder Erzeuger hat Erfolg, das freut ihn und er folgt gerne der prompt nachfolgenden Anfrage. Allerdings warte ich immer noch sehnsüchtig darauf, dass Rungis Express endlich sein Gastro-Sortiment in einem Rungis-Store mit Zutritt für Hobbyköche anbietet.

Essen alleine macht keinen Spaß – ich bin nicht der (Marketinggebabbel) so definierte ‚situative Einzelesser'. Ach so, bevor ich es vergesse, ganz wesentlich: Zu Essen gehört auch Trinken. Und Trinken heißt Wein. Guter Wein, viel Wein, Wein aus Frankreich, Italien, Spanien und anderen entzückenden Orten auf dieser Welt. Und zu Essen und Trinken gehören Freunde. Also wird gekocht, alleine oder gemeinsam, entkorkt und im regen Gespräch verschlungen und geschlürft. Dies alles fördert auf's Angenehmste jede Form von philosophischem Tiefgang. Und nun schließt sich der Kreis.

Heute verpacke ich mit meinem Team u.a. mehr oder weniger lukullische, meist industriell gefertigte oder verarbeitete Nahrungsmittel. Aber als Freunde des Guten Geschmacks basteln wir wieder mit Gleichgesinnten an anarchischen Ideen zur gesellschaftlichen Veränderung. Eet smakelig!

PROVENZALISCHE LAMMKEULE MIT JUNGEM WIRSINGGEMÜSE UND KARTOFFELGRATIN

Zutaten (für 6 Personen):

Kartoffelgratin

1 kg fest kochende Kartoffeln
Butter für die Form
1/8 l Milch
1/8 l Sahne
1 Bund Schnittlauch in Röllchen
1 Bund gehackte Petersilie
200 g geriebener Käse nach Wahl
Salz, frisch gemahlener Pfeffer und Muskat

Kartoffeln schälen, in dünne Scheiben schneiden. Gratinform mit Butter auspinseln. Sahne und Milch kurz aufkochen, mit Salz, Pfeffer und Muskat würzen. Zum Schluss Kräuter einrühren. Kartoffeln in Form schichten, mit Kräutersahne begießen, mit Käse bestreuen. Im vorgeheizten Ofen bei 200° ca. 45 Minuten backen.

Wirsinggemüse

ca. 500 g Wirsing (jung und zart)
50 g Zwiebel
1 Knoblauchzehe
1-2 geschälte Tomaten
3 EL Olivenöl
Salz und frisch gemahlener Pfeffer
1/8 l trockenen Sherry (Fino dry)
1/8 l Gemüsefond

Wirsing vierteln, den Strunk herausschneiden, Außenblätter entfernen und nur die hellen Blätter in schmale Streifen schneiden. Zwiebel und Knoblauchzehe schälen und fein hacken. Tomaten blanchieren, in kaltem Wasser abschrecken, Haut und Stielansätze entfernen, Fruchtfleisch in kleine Würfel schneiden. Öl im Topf erhitzen, Knoblauch- und Zwiebelwürfel darin glasig anschwitzen, Wirsing hinzufügen und rühren, bis er ebenfalls glasig ist. Mit Sherry ablöschen und diesen unter gelegentlichem Rühren einkochen lassen. Nach und nach erhitzte Gemüsebrühe angießen. Tomatenwürfel hinzufügen, salzen und pfeffern. Die Hitze reduzieren und unter gelegentlichem Rühren in ca. 15 Minuten garen.

Provenzalische Lammkeule
ca. 1,5-1,8 kg Lammkeule
100 g Zwiebeln
3 Knoblauchzehen
50 g Stangensellerie
100 g Möhren
500 g Tomaten
5 EL Olivenöl
1 Rosmarinzweig
Salz und frisch gemahlener Pfeffer
3/8 l Rotwein (selbigen, den man zum Essen ausgewählt hat)
400 ml Lammfond

Zwiebeln und Knoblauch schälen und fein hacken. Stangensellerie putzen, Möhren schälen und beides klein würfeln. Tomaten blanchieren, häuten, Stielansätze entfernen, Fruchtfleisch würfeln. In einer Pfanne 2 EL Öl erhitzen, Zwiebeln und Knoblauch hell anschwitzen. Rosmarinzweig einlegen. Möhren und Selleriewürfel kurz mitschwitzen. Beiseite stellen.
Lammkeule mit Salz und Pfeffer würzen. In einem entsprechend großen Topf das restliche Öl erhitzen und die Keule darin kräftig rundum anbraten. Mit dem Rotwein ablöschen und diesen auf ungefähr die Hälfte reduzieren. Das angeschwitzte Gemüse hinzufügen, die Tomatenwürfel untermischen und den Lammfond angießen. Zugedeckt bei 200° im vorgeheizten Ofen je nach Größe der Lammkeule 60-75 Minuten schmoren.

Wein-Empfehlung:
Domaine Richeaume (Côtes de Provence)
Château Sainte Roseline (Côtes de Provence)
Beide Weinproduzenten gehören zu den besten der Provence. Die Domaine Richeaume arbeitet nach den Grundsätzen des kontrolliert biologischen Anbaus.

Kochen und Design sind ja eigentlich dasselbe

CHRISTIAN WERNER (Christian Werner Industrial Design) Produktgestaltung und Innenarchitektur: Möbel, Leuchten und Accessoires, Läden, Restaurants, Messestände und Showrooms – dafür steht der Industriedesigner Christian Werner. www.christian-werner.com

Man hat einen gewissen kreativen Spielraum und verschiedene Materialien, die es mehr oder weniger gekonnt zu verarbeiten gilt.

Rezepte dienen mir in der Regel eher als grober Leitfaden im Hintergrund, man hat ja sowieso nie genau alle Zutaten gerade parat, also suche ich mir aus der inzwischen erstaunlich angewachsenen Bibliothek unserer Kochbücher das passende heraus und fange einfach an, wobei sich mitunter erstaunliche Wendungen entwickeln können. Mit anderen Worten: Kochen ist die Balance zwischen Systematik und Improvisation, und, wie schon gesagt, dem Designprozess recht nahe.

Dem kommt das Zubereiten einer Bouillabaisse sehr entgegen. Entstanden als Essen der Fischer um Marseille, variiert sie je nachdem, was so da bzw. übrig war. Der Spielraum der Zutaten ist so auch recht breit, gewisse Regeln sind jedoch unbedingt einzuhalten. So haben beispielsweise Fettfische wie Lachs oder Aal darin nichts zu suchen. Wichtig, zumindest als Tribut an den Namen (‚bouillir' heißt ‚kochen' und ‚abaisser' ‚sinken' bzw. ‚die Hitze reduzieren'), ist das abschließende sanfte Kühlen des Gerichts durch ein gutes Glas Wein.

Das Schöne am Kochen ist, Start und Ziel sind klar definiert. Selten jedoch stehen Vorbereitung, Zubereitung und der Verzehr in solch herrlich eklatantem Missverhältnis wie bei der klassischen französischen Fischsuppe, der Provenzalischen Bouillabaisse.

Das wahrhaft Verlockende beginnt schon mit der Materialbeschaffung. Fleisch kaufen wir nur noch auf dem Land direkt an der Quelle, in Kategorien von 1/8 oder gar 1/4 Tieren. Dagegen kann der Einkauf frischen Fisches, vor allem für die Bouillabaisse, etwas Expeditionshaftes entwickeln. Da wird's spannend, den richtigen Händler zu wissen, der dann nicht nur ein Drittel der benötigten Fische in absolut frischer Qualität zur Verfügung hat.

PROVENZALISCHE BOUILLABAISSE

Zutaten (für ca. 8 Personen):
mind. 4 kg verschiedene Fische:
Drachenkopf/Rascasse
Peterfisch/St.Pierre
Knurrhahn/Grondin
Rotbarbe/Rouget
Seeteufel/Lotte
Wolfsbarsch/Loup de Mer
Seehecht/Brochet
1 Tasse Olivenöl
mindestens eine Flasche trockener Weißwein
10 Knoblauchzehen
2 Zwiebeln
500 g Tomaten
1 Porreestange
1 Sellerieknolle oder -staude
1 Fenchelknolle
1-2 Karotten
10 Petersilienzweige
1 provençalisches ‚Bouquet garni' (Rosmarin, Thymian, Lorbeer)
6 Safranfäden (am günstigsten auf Reisen zu erwerben)
1 Schuss Pastis, wer's mag

Rouille

8 Knoblauchzehen
2 Eigelb
Olivenöl
Paprikapulver
Salz und Cayennepfeffer

Die Fische waschen, putzen, filetieren, die Fischfilets in grobe Stücke teilen, kalt stellen und aus den Fischabfällen einen Fond bereiten: Das Gemüse vorbereiten, mit dem zerdrückten Knoblauch im Olivenöl andünsten. Salzen und pfeffern, einen Schuss Pastis, auch den Safran jetzt dazugeben, rühren, nichts darf braun werden. Die Fischabfälle mit dem Kräuterstrauß dazu, kurz anschwitzen, 1/2 Flasche Weißwein und 2 l Wasser dazu. Alles langsam zum Köcheln bringen und 30-40 Minuten in Ruhe (!) vor sich hinbrodeln lassen.

Jetzt ist Zeit für die obligate Rouille:
Für die rote Pfeffermayonnaise mindestens 8 Knoblauchzehen fein pürieren, 2 schaumig geschlagene Eigelb verrühren und langsam mit Olivenöl zu einer Aioli verabeiten. Zwischendurch mit Paprikapulver einfärben und mit Cayennepfeffer und Salz würzen. Darauf achten, dass alle Zutaten die gleiche (Raum-) Temperatur haben.
Den Fond zwischendurch vom aufsteigenden Schaum befreien, durch ein Sieb auffangen, die Fischreste leicht ausdrücken. Den Topf säubern, den Fond wieder rein, Wein, Safran dazu und die Brühe zum Kochen bringen. Die Fischstücke in Reihenfolge ihrer Garzeiten hinein, kurz aufkochen, Herd aus und die Fische gar ziehen lassen, nicht trocken kochen! Die Einzelteile kulminieren gemeinsam behutsam auf ihren ihnen zugewiesenen Höhepunkt zu, alle Einzelteile verschmelzen zu ihrem unverwechselbaren Ganzen, unweigerlich, eigentlich keine große Sache. Die Fische behutsam herausnehmen, in einer Terrine warm stellen. Es folgt, wie bei allen Eintöpfen, die Krönung: das Abschmecken. Gegebenenfalls noch etwas Pastis, Salz, Pfeffer, Safranpulver, evtl. etwas Tomatenmark. Zum Schluss das (abkühlende) Glas trockenen Weißwein. Sofort mit dem Fisch servieren. In die heißen Teller geröstete Baguette legen, einen kräftigen Schlag Rouille drauf, mit Suppe auffüllen, den Fisch getrennt dazu reichen.

Tom Leifer und Uwe Melichar

Günther van Ravenzwaay

Glen Oliver Löw
Jörg Willich

Lo Breier

Hermann Josef Rokitta

Fred Held
Tom Leifer

Peter Preller
Uwe Melichar

Hadi Teherani

Vera Maria Schober und Waltraud Bethge

Henning Rabe
Peter Schmidt

Tom Schlotfeldt

Christian Werner

F.C. Gundlach

Angela Kurrer

Andreas Heller

Gil Coste

Katharina Floder
Peter Maly

Tom Reimer
Martin Amann und Hartmut Heinrich

Nach diesem posttradierten Mahl verbleibt ein handschmeichelnder Stein auf dem Teller

HERMANN JOSEF ROKITTA (Rokitta Produkt & Markenästhetik) „Lachen und Machen" – unter diesem Motto gestalten Pieternella de Schipper-Rokitta und Hermann Josef Rokitta in den Bereichen Industrie-, Interieur- und Kommunikationsdesign Nutzfahrzeuge, mikroelektronische und medizintechnische Produkte, aber auch Kosmetik-, Büro- und Küchenaccessoires. www.rokitta.de

„Piedra Protege" ist ein posttradiertes Rezept spanischer Seefahrer. Vor Antritt der gewaltigen mittelalterlichen Seereisen gab es ein schweres Abschiedsmahl: „Piedra Protege", der beschützende Stein – ein ausgewaschener Stein des Ufers, umhüllt mit herzhaftem Farce aus Roséchampignons und Lamm, mit Blätterteig überbacken. Nach diesem Mahl verblieb ein handschmeichelnder Stein auf jedem Teller. Dieser Stein ging als Glücksbringer mit auf die Reise und wurde bei der Rückkehr wieder an dieselbe Stelle des Ufers zurückgeworfen. Jeder Seemann trug so viele Steine mit sich, wie er Freunde an fernen Ufern hatte. Heute werden diese Steine nach einem Essen als Erinnerung mit nach Hause getragen und markieren den Impuls für ein neues genussreiches Treffen unter lieben Freunden.

PIEDRA PROTEGE

Zutaten (für 4 Personen):
4 attraktive handflächengroße Kieslinge aus einem sauberen Salz- oder Süßgewässer
4 Streifen 4 x 40 cm unbehandeltes Leinen
1/3 l kalt gepresstes Olivenöl
500 g Sauerampfer
8 große Blätter Mangold
4 ausreichend große Rindsrouladen
4 große Scheiben geräucherter Schinken
4 ausreichende Flächen Blätterteig
500 g fein gehäckselte Rosé Champignons
500 g fein gehacktes Lamm
gute Butter
1 frische geriebene Kartoffel
5 Blätter frische gehäckselte Knoblauchrauke
Quendel (maritime Kräuter)
Muskatnuss
Knoblauch
gestoßener schwarzer und grüner Pfeffer
Koriander
1/2 Nelke
Lorbeerblätter
(Knoblauchrauke und Quendel kann durch Knoblauchgrün und wilden Majoran ersetzt werden)

Kräuteröl mit Quendel, Koriander, Knoblauch und Pfeffer ansetzen. Die Kieslinge eine Nacht in Mineralwasser wässern und kräftig mit der Wurzelbürste säubern. Die Kieslinge bei 250° im Backofen eine halbe Stunde erhitzen.
Die Roséchampignonfarce wird gleichzeitig vorbereitet. Das Lammfleisch mit guter Butter und Pfeffer gut anbraten, Roséchampignons und Knoblauchrauke hinzugeben und schonend garen, bis die Feuchtigkeit entweicht. Nun mit Muskatnuss und Salz abschmecken, geriebene Kartoffel dazugeben, bis sich eine zähe, breiige Masse entwickelt.
Die Rindsrouladen nebeneinander ausbreiten, wenig Nelke und Lorbeerblatt auftragen, dann jeweils eine Scheibe Schinken auflegen. Darauf je einen heißen Stein legen, rundum mit Kräuteröl ein-

streichen und mit der Roulade umwickeln.
Für die Blätterteigperformance vier in Kräuteröl getränkte Leinenstreifen ausbreiten, die Blätterteigflächen mittig darauf zentrieren und jeweils ein Blatt Mangold darauf ausbreiten. Nun je einen Klecks der Farce auftragen, die Steine vorsichtig hineinlegen, mit der Farce umstreichen und dann einige Sauerampferblätter darauf verteilen. Jetzt mit Mangold und Blätterteig zu einem geschlossenen Ellipsoid umformen, mit Leinenstreifen umwickeln und verknüpfen.
Ab in den Ofen! Das Ganze bei mittlerer Hitze und Ebene im Backofen 15 Minuten aufbacken und zum Abschluss mit Eigelb bestreichen, fünf Minuten bräunen lassen - fertig!
Mit frischen Sauerampferblättern garnieren und einem Rioja und Ciabatta genießen!

Wichtig für ein indonesisches Essen ist die strategische Planung

LO BREIER (P. Agentur für Markengestaltung) Ein Wiener in Hamburg. Der Art Director Lo Breier hat seiner Heimatstadt nicht nur mit der Gestaltung gleichnamiger Zeitschrift, sondern auch zahlreicher anderer, nicht weniger berühmter Magazine eine ganz eigene, nicht nur in Fachkreisen viel beachtete Handschrift verliehen. www.p-website.com

Mein Vater fuhr manchmal mit uns Kindern und Freunden zum „Überschwemmungsgebiet" an die Donau. Dort servierte er indonesische Köstlichkeiten. Warum er als „Weißer" in Indonesien aufwuchs, um dann in Wien zu studieren, die Antwort würde den Rahmen dieses Kochbuches sprengen. Ich kann mich aber noch gut an die Geschichten erinnern, die er beim Vorbereiten dieser Speisen unserer Familie erzählte. Zum Beispiel die von seinem Affen, der nur gebratene Bananen aß. Oder warum das Essen so klein geschnitten wird in Indonesien: erstens, um Brennmaterial zu sparen, und zweitens, weil an Schlangen und anderen Tieren nicht so viel dran ist. Da verstand ich auch plötzlich die scharfe Würze. Sambal gab es reichlich bei uns zu Hause, nur statt Schlangenfleisch wurden Leberkäsestreifen im Wok angebraten.

Eigentlich wurde bei uns nur indonesisch gekocht. Wenn ich bei Freunden eingeladen war und es gab z.B. Rindsrouladen, ließ ich sie stehen, ich kannte so etwas nicht. Ich kannte nur Satay, Gado Gado, Nasi Goreng, Bami, Krupuk und andere indonesische Speisen.

Irgendwie geriet das alles bei mir in Vergessenheit. Ich hatte das Glück, schon bald genug Geld zu verdienen, um immer essen gehen zu können. Das waren die tollen 80er Jahre, wo ein Restaurant nach dem anderen aus dem Boden schoss. Bei irgendeinem dieser Abendessen in den 90ern wurde ich dann gefragt, ob ich nicht Wiener Schnitzel machen könnte, ich käme doch aus Wien. Das war eigentlich der Anfang meiner indonesischen Kochleidenschaft. Denn als ich mir eine Schnitzelbratpfanne in diesem tollen Kochgeschäft am Mittelweg mit diesen netten älteren Damen kaufen wollte, lag da so ein indonesisches Schneidmesser, dieses breite, ganz scharfe.

Plötzlich war die Erinnerung an meine Jugend wieder da. Also, nach Hause kam ich mit einem Wok, diesem Messer, solchen Bambusdämpfkörbchen, einem asiatischen Kochlöffel, einer Kelle, einem Sieb mit Griff und einer

Schneidunterlage. Mehr braucht man nicht. Und diese paar Sachen kann man übrigens viel billiger beim Asiaten kaufen, wo man auch Gemüse, Sambal, Ketjap Manis und andere Gewürze bekommt.

Ach ja, wichtig für ein indonesisches Essen ist die strategische Planung. Wenn man dann vor den Gästen den Wok bedient, gilt man sofort als Meisterkoch. Aber der Reihe nach: Zuerst überlegen, was man macht. Der Reiz besteht in den vielen kleinen Köstlichkeiten und Zutaten. Man benötigt drei Tage (Abende): Erster Tag Planung, zweiter Tag Einkauf und Vorbereitung, dritter Tag Einladung. Das klingt viel, aber es reicht jeweils eine Stunde.

Wichtiger Tipp: Man sollte nicht die so schön gestalteten Instant-Nasi-Goreng-Packungen kaufen, sondern lieber auch die Gewürzmischungen frisch zubereiten. Selbst schneiden, mörsern oder in den Mixer geben. Wichtig ist auch die Form der Zerkleinerung. Nicht irgendwie klein, sondern liebevoll in zündholzdünne Streifchen. Die Asiaten lieben ja kleine feine Dinge wie kleine Handys, Laptops und Videokameras.

Man sollte aber ein bisschen mit dem asiatischen Messer üben, dann wird man es lieben und braucht kein anderes mehr. Wichtig ist dabei die Haltung der Finger, an denen es geführt wird. Sonst gibt es böse Schnittverletzungen. Dann sollte man Fleisch nicht nur 10 Minuten in die Marinade legen, sondern schon am Vortag. Es können durchaus billige Reste verwendet werden, da es ja klein geschnitten wird.

Die ersten Male ist es ratsam, nach Kochbuch zu kochen. Je mehr man kocht, desto mehr hat man Lust zu variieren. Da braucht man keine Angst zu haben, auch in Indonesien gab es immer schon Chinesen, Japaner, Thailänder etc. Dadurch ist alles Asiatische erlaubt.

Wenn man im Freien kochen will, sollte man zwei Feuerstellen haben, eine für den Wok, eine für den Grill. Die Indonesier essen ja eigentlich mit der Hand aus Bananen- oder anderen Blättern oder aus kleinen Schälchen. Die Schärfe sollten die Gäste selbst einstellen können, indem man kleine Schälchen mit Sambal reicht. Dazu sollte es immer frische dünne Gurkenscheiben zum Löschen geben.

Erfrischend ist auch indonesisches Eis. Es wird von einem Eisblock gehobelt, in ein Glas gegeben und obendrauf kommt Fruchtsirup (je exotischer, desto besser). Zum Trinken kann es teurer Wein oder Bier sein.

INDONESISCHE KÖSTLICHKEITEN

Zutaten:

Sate mit Gado-Gado
4 Hühnerbrüstchen

Für die Marinade:
1 EL Ketjap Manis
1 EL Reiswein
ein bisschen Currypulver
Kurkumapulver
Zucker und weißer Pfeffer
1 EL Sesamöl und Erdnussöl

Für die Sauce:
100 g Erdnusscreme
1 EL Honig
200 ml Geflügelfond
ein Schuss Reiswein
ein Schuss Ketjap Manis
1 EL Erdnussöl

Die Hühnerbrüstchen häuten und längs zur Faser in 1/2 cm dicke Streifen schneiden. Zutaten für die Marinade verrühren, Fleisch darunter mischen und im Kühlschrank 1 Tag marinieren. Erdnussöl in den Wok geben. Erdnusscreme und Honig bei mittlerer Hitze erhitzen. Geflügelfond und Reiswein zugeben. Auf die Hälfte unterrühren und einkochen lassen. Mit Pfeffer und Koriander abschmecken.
Fleisch ziehharmonikaförmig auf Bambusspießchen stecken und auf heißem Grill ca. 12 Minuten gril-

len. Zum Essen in die Nusssauce stippen. Dazu gibt es entweder rohes oder im Bambuskörbchen gedämpftes Gemüse. Und:

Gedämpfter Reis mit Ente (oder Schlange) in Lotusblättern

Lotusblätter
1 EL Sesamöl
3 Schalotten, gehackt
2 TL feinst geschnittener Ingwer
1 Hühnerbrustfilet, fein gehackt
1 Tasse Ente (oder Schlange), in chinesischem 5 Gewürzepulver mariniert und fein gehackt
1/2 Tasse Shitakepilze, gehackt
3 EL Sojasoße
2 TL Rohr- oder Palmzucker
2 Tassen Langkorn- oder Klebreis
4 getrocknete Lotusblätter

Das Öl in einem Wok stark erhitzen und Schalotten und Ingwer 2 Minuten darin dünsten. Hühnerfleisch, Entenfleisch und Pilze hinzugeben und weitere 4 Minuten braten. Sojasauce, Zucker, gekochten Reis hinzufügen und gut umrühren. Den Reis auf die eingeweichten Lotusblätter geben und einwickeln. Die Päckchen in einem Bambuskörbchen 15 Minuten dämpfen.
Als Dessert passen gut schön geschnittene Mangos.

Dänische Wertarbeit

TOM SCHLOTFELDT (Schlotfeldt Licht) Mit Büros in Hamburg und Berlin plant der Produktdesigner Tom Schlotfeldt Licht und entwickelt neue, leuchtende Produkte – für Verwaltungs- und Repräsentationsbauten, Malls, Shops, Hotels und Restaurants weltweit. Und: Er setzte allein in Hamburg fünf Kircheninnenräume ins richtige Licht. www.schlotfeldtlicht.de

Als ich ca. 19 Jahre alt war, fuhren einige Freunde und ich vier- bis fünfmal im Jahr von Hamburg nach Dänemark, um Hot Dogs zu essen. Der Rekord lag bei acht Hot Dogs, wobei die Rückfahrt dann schon wesentlich schwieriger wurde. Als kulinarischer Höhepunkt nach diesem Gelage galten „Piratos" von Haribo, extra salzige Lakritze. Auch sie bekam man damals nur in Dänemark. Für mich hat sich der Weg nach Dänemark dann gewaltig verkürzt, als ich im Internat Louisenlund war. Dies bedeutete nur noch etwa die Hälfte der Strecke.

Hot Dogs kann man überall in der Welt kaufen, aber in Dänemark, mit der original roten Wurst, schmecken sie am besten.

ORIGINAL DÄNISCHE HOT DOGS

Zutaten:
Pølser-Brot
rote Pølser
original dänische Remoulade
Röstzwiebeln
Ketchup
Senf
original dänische Gurken

Ofen vorheizen, Pølser-Brot aufschneiden und im Ofen aufwärmen. Pølser in Wasser erwärmen. Pølser-Brot aus dem Ofen herausnehmen und mit einer Schicht Remoulade, Senf und Ketchup füllen. Wurst drauflegen und wieder mit einer Schicht Remoulade, Senf und Ketchup füllen (so viel wie möglich). Abschließend mit Röstzwiebeln und Gurkenscheiben belegen. Viele Papierservietten bereithalten und mit eiskalter Cola genießen.

To be hollandaised – or not to be

HENNING RABE (Wolff Olins) „Brand Thinking“ – die umfassende Entwicklung und Führung von Marken für Unternehmen und Institutionen –, das ist der Aufgabenbereich von Henning Rabe als Verantwortlichem für den deutschsprachigen Raum bei Wolff Olins. www.wolffolins.com

„Wie fanden Sie den Spargel?“ „Ach, ganz zufällig unter der Sauce Hollandaise!“ Betretenes Schweigen. Na gut. Ein alter Witz, im Wasserbad leicht aufgewärmt.

Aber der Gag zieht am heimischen Tisch, wenn der ‚Chef de l'hollandaise‘ mal wieder diese köstliche Schaumcreme in (immer ausreichenden) Mengen kredenzt. Ein wenig Spargel, für halbwüchsige Jungs eher mehr Kartoffeln, und zum Abschluss über alles Sauce Hollandaise. Zum Abschluss im wahrsten Sinne: Totalbedeckung, full-range-coverage, alles, aber auch alles unter einer dicken Lage sämiger Köstlichkeit. Die – frisch zubereitete – Sauce Hollandaise schmeckt eben einfach einzigartig, unvergleichlich anders. Ebenso untütig wie unmehlig, ebenso unscharf wie unsüß. Zunge und Gaumen jedoch erleben dieses goldgelbe Nass schaumig mit zart säuerlicher Note im Abgang. Ich könnte in denselben Vokabeln darüber schwärmen, die auch Sommeliers für ihre Schätzchen aus dem Keller nutzen.

Mit Sauce Hollandaise geht alles. Deshalb ist es eine multi-funktionale und multi-saisonale Delikatesse. Zuckerschoten oder ganz gemeine Möhren, Bohnen oder Schwarzwurzeln, Kohlrabi oder Lauchgemüse. Wir legen drunter, was wir wollen bzw. was der Markt gerade bietet. Nach Abschluss (s. o.) ist sowieso nicht zu sehen, was sich konkret darunter verbirgt. Und es schmeckt immer. Nicht immer gleich – so viel Nuance geben die bedeckten, ja geradezu ertränkten Biovertreter geschmacklich schon noch dazu. Wir reden hier schließlich nicht von Mc Ketchup. Sauce Hollandaise ist klassisch, internationaler, distinguierter, intelligenter, kulturell einfach ein anderer Schnack. Sie hat die Eleganz, die auch für Sterneküchen reicht. Sie ist geschmacklich souverän, weder edel noch Mainstream. Sie steht erhaben über asisatischem Wok-Gezauber und anderen modischen Kochereien.

Sauce Hollandaise bringt auf Ideen! Warum nicht mal ein Sauce-Hollandaise-Fondue – wir würden es machen. Gegrilltes, Gegartes, Gemüsewürfel: ab durch die Tunke und ohne Verzögerung hinter die Zähne. Leckerbissen à la hollandaise. Aber das ist Zukunft …

Was ist mit der Vergangenheit? Was ist die Herkunft? Warum ‚hollandaise‘ und mit welcher kulturhistorischen Begründung? Die Literatur bringt Rezepte bis zum Durchwinken, Varianten mit und ohne Lorbeer und Muskat, detaillierte Profitips zur Revitalisierung einer klumpigen Pampe, die doch mal Schaumcreme werden sollte – bis hin zu verräterischen Begriffen wie ‚letzte Hilfe Mondamin‘. Aber keiner lässt sich darüber aus, warum die Holländer Pate standen, wo doch deren Remoulade zu ‚Frikandel met patat‘ heute mächtig an die McGeneration erinnert.
Also müssen wir die Recherche enger fassen: Was begeistert mich an der ‚Hollandaise‘ über die originäre Produkterfahrung hinaus? Warum ist sie für mich zur Marke geworden? Ist es die Tatsache, dass Schleswig-Holstein und Holland Farbe und Struktur der Flagge teilen, also irgendwie Seelenverwandschaft? Ist es meine Liebe zu Friesland (der idyllischen niederländischen Provinz Friesland), obwohl ich dortselbst wohl noch nie hollän-

dische Sauce gegessen habe? Ist es die Leidenschaft zum Wasser, zur Langsamkeit und Beschaulichkeit des Lebens am und mit dem Wasser? Von alledem ein bisschen! Vielmehr aber stammt die Kraft der Marke ‚Sauce Hollandaise' aus dem immer wiederkehrenden ‚Ohh!' und ‚Mhhh' beim Verzehr. Ob es die an das Geschmackserlebnis gewöhnte Familie oder ob es Gäste sind, alle signalisieren nach den ersten Happen lautstarkes Frohlocken, Maßlosigkeit im Nachnehmen und am Ende eine satte Zufriedenheit.

Also: Kochen Sie, was Sie wollen. Aber geben Sie reichlich Hollandaise dazu und die Leute werden es Ihnen ewig nachtragen. Ihre Gäste werden sich an Sie erinnern, immer wenn sie mit der Sauce in Kontakt kommen. Tausendfach werden sie auf Tüten im Supermarkt ‚Sauce Hollandaise' lesen und dann werden sie denken: „Da kenne ich was Besseres. Und ich kenne die/den, bei der/dem ich das erlebt habe." „To be hollandaised – or not to be." So entstehen Markenerlebnisse. Guten Appetit. Haut rein, aber lasst mir was übrig.

SAUCE HOLLANDAISE

Als Vorbemerkung sei gesagt, dass sowohl in den Zutaten als auch in der Herstellung das hier aufgezeigte einfache Verfahren absolut respektable Ergebnisse liefert. Jedes weitere ‚Tuning' mit Muskat, Lorbeer etc. sei den Lesern gegönnt. Aber so, wie hier beschrieben, gelingt und schmeckt es ausgezeichnet.
Nehmen wir zuerst die Berechnungsgrundlage für die Menge: das gemeine Hühnerei. Unsere Faustregel sagt: ein Eigelb pro Person.

Zutaten (für 6 Personen):
6 Eigelb
1 gut gefüllter TL Senf (Dijon-Senf macht's köstlicher ...)
1 Schluck Weißwein (ca. 6 EL)
1 EL Balsamessig
1 Zitrone bzw. deren Saft
2 EL (glatt gestrichen) Zucker, zum Abschmecken ggf. mehr
1 gute Prise Salz, das, was so zwischen zwei Finger passt
30 Umdrehungen Pfeffer aus der gleichnamigen Mühle
1/2 Stück Butter (125 g)

Basis-Installation für die Herstellung ist das Wasserbad. Wenn Spargel, Kartoffeln oder Gemüse fast gar sind, einfach ein wenig kochendes Wasser entwenden und in den Topf geben, in dem eine Rührschüssel ebenfalls Platz hat. Das Wasser soll weiterhin köcheln. Alle Zutaten - bis auf die Butter - nach und nach in die Rührschüssel geben. Lassen Sie sich Zeit dabei, alles soll im Wasserbad schon leicht erwärmt werden. In aller Ruhe den Handmixer vorbereiten und dann hinein in die Ei-Senf-Essig-Wein-Melange. Die Kameraden kräftig aufmischen! Halten Sie das ruhig 7-10 Minuten durch, bis die Sauce ausgesprochen feinschäumig ist. Parallel sollte die Butter zerlassen werden, die Sie bei ebendieser feinschäumigen Konsistenz unter weiterem kräftigen Mixen in dünnem Strahl zur Sauce geben. Das Ergebnis sieht nicht nur gut aus. Es ist das, wovon vorhin so geschwärmt wurde. In jedem Falle vor dem Servieren nochmals schnell mit dem Mixer den Bodensatz aufmischen, bevor die Sauce in eine Schüssel umgefüllt wird.

Ein Tipp noch: Diese Sauce Hollandaise ist nie heiß! Sie ist lauwarm. Und sie mag nicht lange rumstehen, bis sie zum Tisch gebracht wird. Also: Zehn Minuten vor dem finalen Anpfiff wird die Sauce gemacht. Dann klappt's auch mit dem Markenerlebnis.
Viel Erfolg!

Als Tellerwäscher bin ich unschlagbar

FRED HELD (Held+Team) Industriedesign für Medizintechnik: Von der Produktkonzeption über die Ergonomie-, Interface- und Designentwicklung bis zur Konstruktion, dem Modell- und Prototypenbau für Produkte und Geräte der Allgemein- und Intensivmedizin – Fred Held ist mit seinem Team dafür marktführend in Deutschland. www.heldundteam.de

Ich kannte es immer als mein Leibgericht – aber forscht man etwas nach, findet man auch „andere" Liebhaber. Die Rede ist von der Frankfurter Grünen Sauce, Goethes Leibgericht.

Kochen und Backen ist schon sehr lange meine dritte Leidenschaft. Mit 6 Jahren waren es Pfannkuchen, mit 9 Jahren die ersten Kuchen und mit 14 Jahren durfte es auch etwas komplizierter sein. Mit 15 wurde dem „Basiswissen" ein professionelles Fundament gegeben: An Wochenenden und Feiertagen begann ich in einem Restaurant zu jobben. Die ersten beiden Jahre erlebte ich als Tellerwäscher. In dieser Funktion bin ich noch heute unschlagbar und muss mich insofern nie um die Zukunft sorgen, denn gute Tellerwäscher sind immer gefragt.

So lässt sich nun der Bogen zu meinem Rezept spannen. Es ist eine Reminiszenz an diese Tätigkeit und eine Hommage an meine geographische Herkunft – Zentraldeutschland/Hessen/Dorf/sehr kleines Dorf – die „Frankfurter Grüne Sauce". Manch einem ist sie ein Begriff, anderen – meist Norddeutschen – wiederum fremd. Sie ist eine regionale Berühmtheit und eines der schmackhaftesten Gerichte, die ich mir im Sommer vorstellen kann – und nur dann lässt sie sich zubereiten!

Für all jene, die sich für das Kochen mit Zutaten aus der Region und der Saison einsetzen – also Erdbeeren im Winter ablehnen –, ein ideales Gericht. In Hamburg ist es darüber hinaus nicht nur ein Gericht für den Sommer, sondern auch eines, um sich den Sommer (manchmal) besser vorstellen zu können. Weitere Vorzüge: Sie ist leicht, frisch, preiswert, schnell gemacht und unglaublich gesund, so man auf die Majonäse verzichtet – diese wird dem Original zugefügt, verbessert aber den Geschmack nicht wirklich. In Hessen gibt es die Zutaten, im Set gebündelt, in jedem Supermarkt. In Hamburg kann die Suche aufgrund der mangelnden Bekanntheit mitunter etwas mühsam sein. Hat man einen Marktstand gefunden, der alle Zutaten vorrätig hat, geht's beim zweiten Mal umso einfacher.

FRANKFURTER GRÜNE SAUCE

Zutaten:
7 frische Kräuter in gleichen Mengen:
1 Bund glatte Petersilie
1 Bund Dill
1 Bund Borretsch (findet man fast nur im eigenen Garten)
1 Bund Pimpinelle
1 Bund Sauerampfer (notfalls auch Zitronenmelisse)
1 Bund Kerbel (ganz wichtig)
1 Bund Schnittlauch
1 Becher Joghurt, 1 Becher saure Sahne (beide gut gekühlt, je ca. 250 g)
4 Eier
500 g neue, fest kochende Kartoffeln (oder Spargel!)
Butter
Salz
Pfeffer
1 Schuss Zitronensaft
1 TL mittelscharfer Senf

Die Kräuter grob (!) hacken, die Eier so hart kochen, wie man sie mag, und die Kartoffeln so weich, wie man sie mag. Ich mag Letztere am liebsten mit Schale (Erstere ohne ...), mit ein wenig Butter und Salz. Die Kräuter rührt man unter die vorher gemischte Sahne-Joghurt-Mischung. Nun noch mit Pfeffer, Salz, Senf und evtl. Zitronensaft abschmecken - fertig. Manche hacken die Eier und rühren sie unter die Kräutermischung - ich mag sie lieber „neben dran". Zu diesem Rezept gibt es noch unzählige Varianten bis hin zu jenen ohne Milchprodukte. Übrigens passt dazu hervorragend ein gut gekühlter rheinhessischer Riesling.
Jetzt braucht man noch Sonne, eine Terrasse oder einen Balkon, und fertig ist die optimale Sommerfrische.

... weil meine Lieblingsfarbe Grün ist

ANGELA KURRER (Angela Kurrer Design Hamburg) „Bei Tisch altert man nicht" (italienisches Sprichwort). Die Produktdesignerin Angela Kurrer ist spezialisiert auf die Gestaltung von Möbeln und Interiors für Büros, Privaträumen und Dingen des täglichen Lebens.

Warum ich „Frankfurter" – leider nicht Hamburger – Grüne Sauce so gerne mag? Vielleicht, weil meine Großmutter, bei der ich die ersten Lebensjahre aufgewachsen bin, einen wunderbaren Kräutergarten hatte? Vielleicht, weil Grün meine Lieblingsfarbe ist? Vielleicht, weil ich ein Saucen-Fan bin? Vielleicht, weil meine Lieblingszahl die 7 ist (so viele verschiedene Kräuter gehören nämlich mindestens hinein)? Vielleicht, weil sie jedesmal anders schmeckt (je nachdem, welche Kräuter man verwendet)? Vielleicht, weil sie die ideale Kombination zu Kartoffeln, Gemüse, Fleisch, Fisch – also eigentlich allem ist? Wie auch immer, hier ist das Rezept:

FRANKFURTER GRÜNE SAUCE

Zutaten:
3 hart gekochte Eier
ca. 300 g saure Sahne
3 EL Olivenöl
1-2 TL scharfen Senf
1-2 TL Honig
etwas Zitronensaft
Salz und Pfeffer aus der Mühle
mindestens 7 verschiedene frische Kräuter, je 1 Bund: Schnittlauch, glatte Petersilie, Dill, Kerbel, Borretsch, Sauerampfer, Pimpinelle, Kresse, Estragon, Liebstöckel, Zitronenmelisse

Die saure Sahne mit Olivenöl, Senf, Honig und Zitronensaft verrühren. Die Kräuter gründlich waschen und trocknen. Die harten Stiele entfernen. Die Kräuter erst mit einem Küchenmesser grob vor-, dann mit dem Wiegemesser möglichst klein schneiden. Zusammen mit den klein gehackten Eiern unter die Sauce geben. Mit Salz und Pfeffer würzen.

Ruth's and Tom's Goose Project oder: Die fränkische Gans in Florida

PETER SCHMIDT (Peter Schmidt Group) Es gibt wohl niemanden, der die von ihm und seinem Team gestalteten Verpackungen für Kosmetik, Mineralwasser, Kaffee, Schokolade oder Zigarren nicht kennt. Und wenige, die ihn, sein Unternehmenslogo des blauen Elefanten oder den Namen des berühmten Marken-Machers und Design-Papstes Peter Schmidt nicht kennen ... www.peter-schmidt-group.de

Im Land der Truthähne eine Gans zu bekommen ist fast unmöglich. Aber eben nur fast. Die verschwindend geringe Wahrscheinlichkeit, Gänsegeflügel aufzutreiben, war es meinen Freunden Ruth und Tom Trettis wert, mir eine original fränkische und von mir sehr geliebte Weihnachtsspeise zu servieren. Ebenso die Suche nach braunem Bier aus Franken, die sich als ähnlich schwierig erwies ... Ohne das spezielle Bier keine original fränkische Gans.

Irgendwann war die „Where do we get everything for Peter's christmas present"-Hürde im Land der unbegrenzten Möglichkeiten überwunden und es galt nur noch die „How do we make sure that it will taste really franconian"-Frage zu klären: Meine Schwester Heide, die fast zeitgleich in Bayreuth selbst „unser" Gänserezept kredenzte, assistierte Ruth und Tom am Telefon ...

Mein Weihnachtsgeschenk – „The Goose Project" – war perfekt gelungen! Und die Atmosphäre ungewöhnlich: Wir saßen bei 28 ° C am Golf von Mexiko. Ich kann's empfehlen!

FRÄNKISCHE GANS

Zutaten (für 4-6 Personen):
1 Gans
3 Zweige Beifuß
2 Äpfel
2 Gemüsezwiebeln
1 dunkles Bier
Salz und Pfeffer

Gans innen und außen salzen und pfeffern. Mit etwas Wasser im Bräter bei 180°-200° eine Stunde in den Ofen. Am nächsten Tag Fett abschöpfen. Zwei Gemüsezwiebeln und 2 Äpfel vierteln und zu dem Fond hinzugeben. Zusammen mit der Gans bei 150° für mindestens 4 Stunden in den Ofen. Alle 15 Minuten mit dunklem Bier überpinseln. Insgesamt 1/2 Liter.
Zum Schluss die Gans mit Salz und Pfeffer abschmecken und nach dem Kochen 3 Zweige Beifuß in die Sauce geben. Wichtig: alle Blätter entfernen, nur die Blütenrispen verwenden. Und: Die Sauce darf nicht mehr kochen, sonst verursacht der Beifuß einen bitteren Geschmack.

Grüne Klöße

10-15 große Kartoffeln
etwas Salz und Essig
in Schmalz geröstete Weißbrotwürfel

Alle Kartoffeln schälen. 1/3 der Kartoffeln in Stücke schneiden und in Salzwasser weich kochen. Die rohen Kartoffeln in eine Schüssel reiben. Zwischendurch eine Mischung aus Wasser mit wenig Essig über die Reibe gießen. Die fertig geriebene Kartoffelmasse sofort in einen Leinensack oder ein Leinentuch gießen. Dieses kräftig ausdrücken. Das ausgedrückte Wasser sammeln und etwas stehen lassen, damit die Stärke sich absetzen kann.
Die inzwischen trockene Kartoffelmasse in eine Schüssel geben und nachsalzen. Die gewonnene Stärke – von der das Wasser abgegossen wurde – wird zur Trockenmasse hinzugegeben und gut verknetet. Dieses Gemisch wird mit kochendem Wasser überbrüht – so

dass der Teig nicht zu fest und nicht zu weich ist.
Die gekochten Kartoffeln werden zu Brei püriert und zu der rohen Kartoffelmasse hinzugegeben und mit den Händen kräftig verknetet. Mit nassen Händen formt man runde Klöße und gibt in die Mitte einige von den gerösteten Weißbrotwürfeln hinzu.
Die Klöße legt man nun in einen Topf mit sprudelndem Salzwasser und lässt die Klöße 20 Minuten in nicht mehr kochendem Wasser ziehen, bis sie hochsteigen.

Blaukraut

1 Kopf Blaukraut
1-2 EL Butterschmalz
1-2 Zwiebeln
1-2 Äpfel
Salz und Pfeffer
Zucker
Essig nach Geschmack
1 EL Mehl
Suppenwürze
1/8 l Rotwein

Man lässt die fein gehackten Zwiebeln mit den geschälten und in Würfel geschnittenen Apfelstücken in Butterschmalz glasig dünsten. Das fein geschnittene und gewaschene Kraut wird mit sämtlichen Gewürzen - außer dem Rotwein - dazugegeben und gart bei kleiner Flamme. Dann bestäubt man das Kraut mit 1 EL Mehl, gießt noch etwas Wasser nach und kocht das Kraut gründlich durch. Zum Schluss den Rotwein hinzugeben.

Selleriesalat

mehrere Sellerieknollen
2 EL Essig
1 TL Öl
Salz und Pfeffer
Zucker

Je nach Größe eine oder mehrere Sellerieknollen gut schrubben und in heißem Salzwasser garen. Abkühlen lassen, eventuell noch einmal nachschälen. Dann in dünne Scheiben schneiden und mit einer Marinade aus 2 EL Essig, einem TL Öl, Salz, Pfeffer und einer Prise Zucker verfeinern. Umrühren und fertig. Wer mag, kann auch noch Zwiebelstücke hinzufügen.

Das Paar hielt länger, als wir alle dachten: Reh-sistent!

WALTRAUD BETHGE und **VERA MARISA SCHOBER** (Bethge Hamburg) „Die Sehnsucht nach Qualität macht das Leben nicht leichter, aber schöner." Vera Marisa Schober und Waltraud Bethge glauben unerschütterlich an Qualität. So finden sich in ihren Geschäften konsequent und ausschließlich Produkte für Büroschreibtisch und Privatsekretär, Hand- oder Westentasche, die sich durch die Liebe zum Design, Detail und Material auszeichnen. www.bethge-hamburg.de

Hamburg hatte ein neues Paar. Zugegeben trieb mich nur dieser spezielle Hamburger Voyeurismus: Hatten die beiden wirklich eine Chance?

Die verliebte Enklave hatte stattgefunden, dann kamen die Freunde, Sonntag Nachmittag, Zerreißprobe auf Schlagsahne.

Aber heute, heute Abend konnte sich alles entscheiden. Die Schwiegermutter, tolerant und stilverliebt, pries den Geschmack des ungleichen Paares und mischte sich heiter unter uns wohlmeinende Freunde.

Als ich kam, hatte die Premiere bereits begonnen. Alles war vorbereitet: Kerzen, Musik und das Basilikum in der Küche. Die Schwiegermutter trank Champagner. Alles war wirklich perfekt, die Quadratmeter, die Adresse, der Stuck ...

Nur das Parkett, es war einfach zu glatt! Waltraud trug das Ragout in Richtung Messingtisch – die Fontäne spritzte bis zur Decke. Das Reh tropfte traurig auf die gescheiterten Pumps.

Aber die Beine der Waltraud waren heil geblieben, der Rotwein reichte bis 3 Uhr früh, die Schwiegermutter war besonders amüsant und krisenfest. Da waren wir uns alle einig: Es war ein köstlicher Abend! Und das Paar hielt länger, als wir alle dachten.

Bis heute zelebrieren wir dankbar ...

WALTRAUDS REHRAGOUT

Zutaten:
750 g Rehfleisch ohne Knochen
250 g Champignons
250 g Pfifferlinge
Öl zum Anbraten
1/2 TL Basilikum
1-2 EL Tomatenmark
1/8 l Rotwein
Brühe
1 Becher saure Sahne
5 Zwiebeln
Zucker
Salz und Pfeffer

Fleisch waschen und abtrocknen, in 2 cm große Würfel schneiden. Fett erhitzen, Fleisch stark anbraten. Fein gewürfelte Zwiebeln, blättrig geschnittene Champignons, Pfifferlinge und Gewürze hinzugeben und bräunen. Tomatenmark mit Brühe und Wein verrühren, über das Fleisch gießen und auf kleiner Flamme ca. 60 Minuten schmoren. Abschmecken und mit saurer Sahne binden. Als Beilagen eignen sich gut Kartoffelpüree, Apfelscheite und Preiselbeeren.

Ein eigensinniges, unberechenbares Gericht

GIL COSTE (Gil Coste Design) Seine Designphilosophie beschreibt der auf Produktentwicklung und Innenarchitektur spezialisierte Gil Coste mit einem Rezept für die „Soupe aigo-boulido" (gekochtes Wasser). Dass die Gestaltung scheinbar einfacher Dinge in Wahrheit nicht so einfach ist, beweist nicht nur der Koch-, sondern immer wieder auch der Designprozess.

Ich habe alles beobachtet. Und in meiner Kinderschürze häufig assistiert. Bei meinem Vater war dazu viel Ausdauer nötig. Bis die Crème brulée nach einem Rezept seiner französischen Mutter perfekt war, verging der halbe Samstag. Bei meiner Mutter war es nicht weniger kompliziert. Zwar kreierte sie in der halben Zeit ein fünfgängiges Menü für acht Gäste – doch legte sie sich nicht fest. Dieselbe Speise bestand jedes Mal aus anderen Zutaten, und Mengenangaben verachtete sie. Warum ihr trotzdem alles gelang, habe ich nie verstanden.

Ich war also recht gut vorbereitet, als ich mein eigener Koch wurde. Ein einfaches Spätzle-Gericht konnte mich kaum herausfordern. Das Einzige, was mich daran beeindruckte, war das Tempo, mit dem meine Allgäuer Freundin es kochte: Teig rühren, in den Spätzle-Hobel füllen, den hin und her schieben, die Nudeln im Wasser auftauchen lassen, abschöpfen, abschrecken, fertig.

Genau so habe ich es gemacht. Mehrfach. Und genau etwas anderes ist herausgekommen: Mickriges wie Erbsen, Zähes wie Lakritz, Trockenes wie Grissini. Dieses Gericht schien sich gegen mich zu sträuben. Dabei benahm es sich weder mimosenhaft wie ein Soufflé, noch fröstelte es wie Hefegebäck. Es machte mir weit mehr zu schaffen: Es war eigensinnig, ja unberechenbar. Selten konnte ich es ihm recht machen. Weder mit der Präzision meines Vaters, noch mit der Intuition meiner Mutter und auch nicht mit der Wendigkeit meiner Freundin kam ich gegen seine Launen an. Inzwischen habe ich mich damit abgefunden, mir an diesem Rezept die Zähne auszubeißen. Und wenn ich an dieser Stelle doch noch etwas Nettes über dieses bescheidene Stück Essen schreiben soll, dann höchstens: Es kam auch vor, dass mir der Teig wohlgesinnt war. Das war dann ein guter Tag.

SPÄTZLE

Zutaten (für 4 Personen):
250 g Mehl
2 Eier
1 TL Salz
1/8 bis 1/4 l lauwarmes Wasser
20 g Butter

Die Zutaten (ohne die Butter) zu einem glatten Teig schlagen. In einen Spätzlehobel geben und direkt in kochendes Salzwasser reiben. Wenn die Spätzle oben schwimmen, mit einem Schaumlöffel abschöpfen, kalt überbrausen und in der Butter schwenken.

Nur wer an das Gelingen glaubt, wird auch hervorragend kochen

MARTIN AMANN und **HARTMUT HEINRICH** (FutureBrand AG Hamburg) „Think Ahead. Stay Ahead". Mit der Gestaltung der Corporate Identity, des Corporate und Structural Design, der Brand Identity und des Brand Design für Unternehmen und Produkte verhelfen der Director Consulting Hartmut Heinrich und der Director Creation Martin Amann von FutureBrand ihren Kunden zu Wettbewerbsvorteilen auf dem Markt. www.futurebrand.com

Küche lässt sich für uns gleichsetzen mit Kultur. Küche, das bedeutet Gastfreundschaft, Kommunikation und Kreativität zur gleichen Zeit. Die Küche ist ein besonderer Ort voller Reize: Handwerk und Intellekt, Erfahrung und Inspiration. „Big Ideas" und die „Alltagssatire" unserer Profession werden hier mit Freunden debattiert. Da wird nicht selten die kleine Küche zum großen Kommunikationszentrum.

Das Kochen ist eine Vorfreude aufs Essen – schwer zu sagen, was davon die größere Freude darstellt. In der Stadt frische Zutaten einzukaufen und den passenden Wein auszuwählen ist gewissermaßen die Einstimmung auf die kulinarischen Freuden und ein wichtiger Teil des Happenings, den wir uns nie entgehen lassen.

Als leidenschaftliche Köche und Esser fällt es uns auch nicht leicht, ein einziges Lieblingsrezept für dieses Buch auszuwählen. Wir haben uns für „Tessiner Risotto" und „Ossobuco Milanese" entschieden. Das Rezept ist relativ einfach, erfordert aber die richtigen Zutaten und etwas Geduld – aus diesem Grund bekommt man ein wirklich gutes Ossobuco und ein authentisches Risotto im Restaurant nur selten.

Das „Tessiner Risotto" basiert auf einem Rezept, das Martin Amann aus seiner Zeit im Tessin mitgebracht hat. Das Rezept fürs „Ossobuco" wurde Hartmut Heinrich von einem Kollegen aus dem Mailänder Büro von FutureBrand im Restaurant auf eine Serviette geschrieben – es ist wirklich original „milanese".

Das wirkliche Geheimnis eines guten Kochs liegt jedoch in seiner Intuition und seiner Improvisationsgabe. Das genaue Abmessen wird der Sache nicht gerecht. Einmal schmeckt das eine Gewürz stärker, einmal weniger stark. Das Gleiche gilt auch für den Parmesan und andere Zutaten. Mitunter kommt es auch vor, dass mal etwas vergessen wurde oder ausgegangen ist, und schon muss der Koch improvisieren und sich auf seinen Geschmackssinn und seine Intuition verlassen. Kochen hat viel mit Selbstvertrauen zu tun – nur wer an das Gelingen glaubt, wird auch hervorragend kochen.

Letztendlich geht es darum, so zu kochen, dass idealerweise der Geschmack der Zutaten sich bestmöglich entfaltet, zum „Geschmackserlebnis" wird. Daher bedingt ein Essen für uns immer die Vollständigkeit und Abgerundetheit eines Menüs inklusive der passenden Weine.

Wir empfehlen als Vorspeise „Scampi auf grünen Spargel an einer Balsamico Vinaigrette" und als Abschluss bieten sich flambierte Feigen in Vanilleportwein oder einfach ein Kaffee Coretto Grappa an.

Als Wein empfehlen wir den Chardonnay 2000 von Planeta (Sizilien). Das ist ein fast unbekannter Wein und doch etwas vom Schönsten, was Italien an Weißweinen zu bieten hat. Zum Hauptgang passt Wein aus der Toskana sicher hervorragend. Der Wein darf durchaus kräftig und voll sein, der Hauptgang verträgt das sehr gut. Heute haben wir uns für den Querciagrande 1995 (Radda in Chianti, Toskana) entschieden. Zum Dessert empfehlen wir einen leichten Moscato d'Asti – allerdings ist darauf zu achten, dass er nicht zu süß ist, zum Beispiel ein „La Morandina" – er ist schön im Aroma, leicht im Geschmack und nicht zu süß.

RISOTTO MIT SAFRAN UND OSSOBUCO MILANESE

Zutaten:

Risotto mit Safran

(für 4 Personen)
1 mittelgroße Schalotte
20 g Butter
200 g Risottoreis (Vialone oder Aborio)
ca. 6 dl Hühnerbrühe normal kräftig
5 dl trockener Weißwein (z. B. Chardonnay)
etwas Salz
schwarzer oder weißer Pfeffer
2 bis 2,5 g Safran
80 g Parmesan
1 gehäufter EL Mascarpone (ersatzweise ca. 1 dl Rahm)

Schalotte (mittelgroß) fein hacken und in ca. 20 g Butter glasig dünsten. Dann den Risottoreis (Vialone oder Aborio) dazugeben und umrühren, bis alle Körner glasig sind. Dann mit (einem guten, trockenen) Weißwein ablöschen. Wenig Salz (ca. 1 Messerspitze) und etwas Pfeffer aus der Mühle dazugeben. Zweige von frischem Rosmarin, Thymian und Majoran (nicht gehackt) in die Pfanne geben und unter Zugabe von Weißwein weiterkochen. Es ist wichtig, dass der Risotto immer gerührt wird - er brennt leicht an und das schmeckt grauenhaft! Wenn der Weißwein aufgebraucht ist, Hühnerbrühe beigeben, bis das Risotto noch einen leichten Biss hat. Kurz bevor der Risotto fertig ist, die Gewürzzweige mit einer Gabel herausnehmen.
Wenn der Risotto „al dente" ist (das heißt, noch einen leichten Biss hat), 2 bis 2,5 g Safran dazu einrühren. Dann 80 g geriebenen Parmesan und 1 gehäuften Esslöffel Mascarpone unter den Risotto ziehen. Der Risotto muss schön flüssig und cremig sein. Falls nötig, kann jetzt noch mit etwas Salz abgeschmeckt werden.

Ossobuco Milanese

(für 6 Portionen)
4 Möhren
4 Stangen Bleichsellerie
3 Knoblauchzehen
3 mittelgroße Zwiebeln
6 Beinscheiben vom Kalb (ca. 3 cm dick sägen lassen)
Salz und schwarzer Pfeffer
gutes Olivenöl
guten Weißwein
1 kg Tomaten
1 Bund Petersilie
1/2 l Fleischbrühe
Oregano
Thymian
2 Lorbeerblätter

Möhren, Sellerie, Zwiebeln und Knoblauchzehe fein würfeln und im Bräter anschmoren. Die Kalbshaxen in Küchengarn rund binden. Salzen, pfeffern und in Mehl wenden. In Olivenöl scharf anbraten. Herausnehmen und auf das angeschmorte Gemüse in den Bräter setzen. Guten Weißwein und Bratenfond eingießen. Enthäutete und halbierte Tomaten zwischen die Haxen geben. Ebenso Petersilie, Thymian, Oregano und die Lorbeerblätter zugeben. 2-3 Stunden im Ofen schmoren und alle 30 Minuten mit etwas Brühe übergießen.

Gremolata

2 Zitronen
2 Bund Petersilie
2 Knoblauchzehen

Abgeriebene Schale von 2 Zitronen, gehackte Petersilie, gewürfelten Knoblauch vermischen und etwas auf die angerichtete Kalbshaxe streuen.

Aus der Bibel der italienischen Küche

GLEN OLIVER LÖW (Hochschule für Bildende Künste Hamburg) Der Industriedesigner Glen Oliver Löw, Professor für Produktdesign und Produktgestaltung an der Hamburger Hochschule, versteht sich als kreativer Problemlöser. Dass seine von allem Überflüssigen befreiten Büromöbel und Leuchtensysteme tatsächlich Lösungen für Alltagsprobleme sind, beweist die Zuerkennung zahlreicher internationaler Designpreise.

Reis wird in der Poebene südlich von Mailand angebaut und spielt in der italienischen Küche mindestens eine so bedeutende Rolle wie Pasta oder Pizza.

Jeder, der in Mailand schon einmal eine lauschige Cena unter freiem Himmel hatte, weiß, dass die ausgedehnten Reisterrassen auch die Brutstätten der gefürchteten Zanzaren (Mücken) sind, die die Stadt jeden Sommer heimsuchen. So wird verständlicher, warum der Mailänder grundsätzlich nur in geschlossenen Räumen diniert.

Beim Genuss eines perfekt zubereiteten Risottos vergeht der Groll über den Reisanbau jedoch schnell und weicht der Verwunderung darüber, wie etwas so Einfaches so gut schmecken kann.

Wie bei der Gestaltung, so liegt für mich auch in der Küche das Ziel in der Perfektionierung des Einfachen und dem Weglassen des Überflüssigen. Die Zubereitung von Risotto verlangt große Aufmerksamkeit – beim Kochen von Risotto darf immer nur so viel Brühe hinzugegossen werden, wie vom Reis aufgesaugt wird, denn der Reis darf nicht in Flüssigkeit ertrinken. Gleichzeitig besteht ständig die Gefahr, dass der Reis anbrennt. Der Risotto muss, wenn er fertig ist, gleichzeitig cremig und „al dente" sein. Das ist die Kunst. Zu erfinden oder improvisieren gibt es bei Risotti wenig – die klassischen Rezepte sind einfach nicht zu verbessern.

Das nachfolgende Gericht stammt aus der Bibel der italienischen Küche, dem „Cucchiaio d´Argento", und hat mich seit meiner Studienzeit in Mailand begleitet, unerwartete Gäste gesättigt, mir am Monatsende über die Runden geholfen und letztendlich auch meine Frau Antje überzeugt – denn bei der ersten Einladung zum Abendessen bei mir zu Hause gab es natürlich Risotto con la Zucca:

RISOTTO CON LA ZUCCA (KÜRBISRISOTTO)

Zutaten (für 4 Personen):
ca. 350 g Risotto-Reis (keinen Parboiled Reis!)
1 l Rinderbrühe (am besten selbst gemacht, Brühwürfel tun es aber auch)
500 g Kürbis
Olivenöl Extra Vergine
Butter
1 Zwiebel
Salz und Pfeffer
Parmesankäse

Den reifen Kürbis (süß und aromatisch soll er sein) in Würfel schneiden und mit Butter und Olivenöl in einen Topf geben und bei kleiner Flamme kochen, bis er weich ist und der Geschmack sich voll entfaltet hat, dabei immer etwas Wasser hinzugeben. Dann pfeffern und salzen und für ca. 10 Minuten unter Rühren weiterkochen und dabei den Kürbis mit einer Gabel zerquetschen. Nebenbei ein so genanntes „Soffritto" zubereiten, d. h. die

Zwiebel klein schneiden und in Olivenöl und etwas Butter bei kleiner Flamme dünsten, bis sie goldgelb ist (sie darf dabei nicht anbraten oder braun werden).
Nun den Reis zum „Soffritto“ hinzugegeben und für ein paar Minuten anbraten, dann den zubereiteten Kürbis hinzugeben und schrittweise Brühe hinzufügen.
Nun beginnt die schwierige Phase, bei der man ständig umrühren und Brühe nachgießen muss, damit der Risotto nicht anbrennt. Die Kochzeit beträgt ca. 20 Minuten, je nach Art des Reises. Nachdem der Reis gekocht ist, ein Stück Butter hinzufügen und Parmesankäse darüber reiben, oder den Risotto in eine ausgehöhlte Parmesanform geben. Risotto muss „al momento“ zubereitet werden, d.h., er kann nicht vorgekocht oder aufgewärmt werden – also nach dem Kochen sofort heiß servieren.

Weine: Malvasia (Emilia Romagna), Trebbianino Val Trebbia, Pinot del Collio

Kochen macht glücklich

TOM REIMER „Meister der Maße“ wird er genannt – Insider kennen ihn allerdings zudem als „Meister des Risotto-Drehens“ und Genießer hervorragender Weine. Der Lebemensch, Modedesigner und Schneider Tom Reimer hasst Trends aller Art und zieht in seinem Geschäft mit eigenem Atelier am Mittelweg Männer an, die Anzüge von der Stange nicht mögen.

Der Sinn für das Kochen entspringt der Abneigung, die ich allem präfabrizierten, konfektionierten Einheitsallerlei entgegenbringe.

Die Auseinandersetzung mit Dingen, die durch ein hohes Maß an handwerklicher Fähigkeit hergestellt werden, ist für mich die notwendige Basis, um am Herd wie auch im Atelier kreativ zu sein.

Darüber hinaus macht das sinnliche Erlebnis beim Kochen glücklich. Oder, wie schon Berthold Brecht zu sagen pflegte: „Erst kommt das Fressen und dann die Moral.“

RISOTTO MIT SCAMPI UND RUCOLA

Zutaten (für 4 Personen):
500 g ungeschälte rohe Scampi (Kaisergranat)
Salz und schwarzer Pfeffer
2 Knoblauchzehen, geschält
1 Lorbeerblatt
80 g Butter
1 kleine Zwiebel, fein gehackt
100 ml trockener Weißwein
350 g Carnaroli (Risotto-Reis)
ca. 200–300 ml frische Tomatensauce
1 Hand voll Rucola (gewaschen ohne die harten Stiele)

Die Scampi von Kopf und Panzer befreien. Köpfe und Schalen abspülen und für die Brühe in einen Kochtopf mit 1,5 Liter Wasser, Salz, Knoblauch und dem Lorbeerblatt geben.
Zum Kochen bringen und bei schwacher Hitze mindestens eine Stunde sieden lassen. Die Brühe abseihen und für den Risotto heiß stellen. Den Darm aus den Scampi entfernen und das Krebsfleisch beiseite stellen.
Die Hälfte der Butter in einer Kasserolle erhitzen und die Zwiebel darin glasig dünsten. Den Reis hinzufügen und ebenfalls glasig dünsten, dann mit Weißwein ablöschen. Nach und nach eine Schöpfkelle Brühe hinzufügen und weiterrühren. Nach ca. 10 Minu-

ten mit der heißen Tomatensauce fortfahren. Das dauert weitere 5-10 Minuten. 5 Minuten vor Fertigstellung die Scampi unterrühren und mit dem Reis fertig garen.
Klein gerupften Rucola neben dem Feuer unterheben, mit Salz, Pfeffer und der restlichen Butter abschmecken und sofort servieren.

Tomatensauce
2 El bestes Olivenöl
1 kleine Zwiebel, fein gehackt
2 Dosen à 400 g italienische Eiertomaten (San Marzano-Qualität)
4 frische Basilikumblätter
Salz

Das Öl in einer flachen Kasserolle erhitzen und die Zwiebel darin glasig dünsten. Die Tomaten und Basilikum hinzufügen, mit Salz bestreuen und bei starker Hitze eindicken lassen, bis der Saft weit gehend verdampft ist. Anschließend durch ein Sieb passieren.

Die Roulade meiner Großmutter macht glücklich

KATHARINA FLODER (Floder & Partner) Das Erarbeiten von Lösungen, deren Ergebnis mehr ist als die Summe der Bestandteile – das ist eine Maxime, an die sich die Designerin Katharina Floder nicht nur bei der Bewältigung innenarchitektonischer und gestalterischer Aufgabenstellungen hält, sondern auch beim Kochen. Die Schwerpunkte ihrer Arbeit sind Gestaltungskonzepte für Büros, Läden und Restaurants sowie die Entwicklung individueller Möbelentwürfe.

Auf dem Teller liegen, leicht überlappend, zwei ovale, etwa fingerbreite Schnittchen. Die Kontur des Ovals ist ein Schokoladenüberzug von einer weichen, fast marzipanigen Konsistenz. Aus der Mitte dieses Feldes entwickelt sich auf dem hellen Grund eines luftigen Bisquit eine rotgesprenkelte Spirale.

Als Kind war es mir ein Rätsel, wie man so etwas Schönes herstellen konnte, und ich erinnere mich heute noch an den wohligen Triumph, als ich hinter das Geheimnis kam. Vielleicht liegt es am märchenhaften Aroma von Walderdbeeren und der delikaten Mischung der Zutaten ... Die Erdbeer-Roulade meiner Großmutter macht einfach glücklich!

ERDBEER-ROULADE

Zutaten:
Für den Teig:
70 g Zucker
60 g Mehl, 4 Eier
Für die Creme:
100 g Butter, 80 g Zucker
4 EL Schlagrahm
1/2 l Walderdbeeren

Für den Überzug:
100 g Bitter-Schokolade
190 ml Wasser
150 g Zucker
1 Stück Nussbutter

In den steifen Eischnee werden die Eigelbe, der Zucker und das Mehl vorsichtig eingerührt. Den Teig dünn (ca. 1 cm) auf ein gefettetes und gemehltes (alternativ: Backpapier) Backblech aufstreichen und zügig backen. Noch sehr heiß

mit einem Küchenhandtuch bzw. dem Backpapier zusammenrollen und erkalten lassen.
Die weiche Butter mit der Hälfte des Zuckers verrühren, 4 Esslöffel geschlagenen Rahm und die mit der zweiten Hälfte des Zuckers vermischten und zerdrückten Walderdbeeren hinzufügen. Die kalte Roulade aufrollen, die Creme aufstreichen und wieder fest zusammenrollen.
Zucker in Wasser auflösen und zum Faden aufkochen. Bitter- oder Zartbitter-Schokolade im Wasserbad weich werden lassen und unter ständigem Rühren die Nussbutter und das Zuckerwasser einrühren. Mit feinem Strahl die flüssige Schokolade auf die Rouladen aufbringen und glatt streichen. Einige Zeit kühl stellen.
Tipp: Die Walderdbeeren können zur Not durch Himbeeren oder aromatische Garten-Erdbeeren ersetzt werden. Für den Überzug verwende ich die bitterste aller Bitter-Schokoladen.

Ich liebe Desserts – warum, weiß ich auch nicht

JÖRG WILLICH (Landor Associates) „Wie mache ich Marken erfolgreich?" Diese Frage zu beantworten und umzusetzen ist die Aufgabe von Jörg Willich als Creative Director und General Manager bei Landor. Egal ob Unternehmens- oder Produktmarken: Um sich im Markt behaupten zu können, müssen Marken sich vom Wettbewerb unterscheiden und ihre Relevanz dem Konsumenten vermittelt werden, durch die Positionierung, den Namen, die Gestaltung. Diese Elemente der Markenentwicklung sind die Spezialität von Landor. www.landor.com

Nichts gegen ein deftiges, herzhaftes Mahl, aber während meine Freundin zum Frühstück eher ein Eisbein verschlingen könnte, halte ich mich auch hier eher an die süßen Varianten: Marmelade und Honig, ja, liebend gerne Honig.

Vielleicht spielt auch ein funktionaler Aspekt eine Rolle? Wenn ich im Restaurant esse und nicht den Riesenappetit verspüre, würde meine Wahl immer auf eine Kombination von Hauptgang und Dessert fallen, nicht auf Vorspeise und Hauptgang. Denn wenn ich erst eine Suppe esse und dann der Hauptgang groß ausfällt, schafft das Mahl mich eher als ich das Mahl. Starte ich aber mit dem Hauptgang, habe ich hinterher – je nach Appetit – noch die Möglichkeit, ein süßes Ende zu finden.

Die Herkunft des hier beschriebenen Desserts ist mir unbekannt. Ich kenne es von daheim, auch wenn es nicht eine der Nachspeisen ist, bei der mit dem ersten Löffel die Gedanken zum mütterlichen Esstisch schweifen.

Der inzwischen bekleckerte und zerknitterte Zettel mit der krakeligen Schrift zwischen den Kochbüchern verrät, dass ich mir das Rezept vor vielen Jahren einmal am Telefon von Muttern habe diktieren lassen und dass ich es oft gemacht habe.

Das Rezept entspricht allen meinen Ansprüchen: Es ist schnell und einfach zubereitet (etwa in 10 Minuten), schmeckt dafür aber recht raffiniert. Ich kann es vor dem Essen vorbereiten, denn ich mag es nicht, zu lange in der Küche zu stehen, wenn ich Gäste habe.

SCHLICHTE SCHICHTEN

Zutaten (für 4 Portionen):
250 g frische Beeren (idealerweise eine Mischung aus roten und schwarzen Johannisbeeren, Brombeeren und Himbeeren, alternativ 1 Packung tiefgefrorener Waldbeeren aus der Tiefkühltruhe, ungezuckert)
125 g oder 4 Scheiben Pumpernickel
4 EL Himbeergeist
1/4 l süße Sahne
250 g Quark (10% Fett i. Tr.)
75 g Zucker
4 EL Zitronensaft
einige Beeren als Dekoration

Die Beeren in eine flache Schüssel geben (im Falle der tiefgefrorenen Beeren, diese erst antauen!). Den Pumpernickel recht fein über die Beeren krümeln, dann das Ganze mit Himbeergeist beträufeln. Die Sahne steif schlagen, den Quark unterrühren und das Ganze mit Zucker und Zitronensaft abschmecken. Die Quarksahne auf die Pumpernickelschicht geben und gut verstreichen, so dass von den Früchten und dem Pumpernickel nichts mehr zu sehen ist.
So ist die Überraschung für die Gäste größer - vor allem, wenn sie auf den Pumpernickel stoßen, der zwar eine schön herbe Note zu dem Dessert addiert, aber erst einmal ungewöhnlich erscheint.
Das Schichtdessert eine halbe Stunde kalt stellen, die Schüssel vor dem Servieren mit einigen Beeren garnieren.

DANKE!

Unser besonderer Dank gilt den Sponsoren Factor Design – und hier insbesondere Tom Leifer und Christina Föllmer! –, clic Inneneinrichtung und Tom Reimer, ohne die dieses Buch nicht hätte realisiert werden können. Ein herzliches Dankeschön auch all jenen, die sich von uns haben in die Töpfe schauen lassen und die uns ihre persönlichen Rezepte und kulinarischen Geschichten verraten haben. Und: Dank an Volker Greßmann für seine wunderschönen Fotogeschichten, die sozusagen das „Salz in der Suppe“ sind.
Danke! Ohne Ihre Unterstützung hätte die Frage, ob Designer kochen können, unbeantwortet bleiben müssen.

Christians Verlag

Babette Peters IDEE UND KONZEPT
Volker Greßmann FOTOGRAFIE
Tom Leifer, Factor Design TITELILLUSTRATION
Factor Design GESTALTUNG
Hans Christians Druckerei und Verlag, Hamburg GESAMTHERSTELLUNG

ISBN 3-7672-1414-8

Printed in Germany